(TierGesG)

Tiergesundheitsgesetz

Impressum

© GROELSV – Verlag, Hans-Much-Weg 14, 20249 Hamburg, Telefon: 040/ 32030598; - Redaktion GROELSV

Wir sind bemüht, ein ansprechendes Produkt zu gestalten, dass vernünftigen Ansprüchen an das Preis/Leistungsverhältnis gerecht wird. Buchbewertungen, z. B. über den Distributor Amazon sind ausdrücklich erwünscht. Konstruktive Anregungen nutzen wir gerne, um künftige Auflagen zu ergänzen und anzupassen.

Die Rechte am Werk, insbesondere für die Zusammenstellung, die Cover- und weitere Gestaltung liegen beim Verlag. Trotz sorgfältigster Bearbeitung und Qualitätskontrolle können Übertragungsfehler und technische Fehler nicht letztgültig ausgeschlossen werden. Fachanwaltliche Beratung wird durch die Konsultation einer Rechtssammlung nicht ersetzt.

1

Inhaltsverzeichnis

Gesetz zur Vorbeugung vor und Bekämpfung von
Tierseuchen (Tiergesundheitsgesetz - TierGesG)

-
TierGesG

Ausfertigungsdatum: 22.05.2013

"Tiergesundheitsgesetz vom 22. Mai 2013 (BGBl. I S. 1324)"

Fußnote

(+++ Textnachweis ab: 1.5.2014 +++)

(+++ Zur Nichtanwendung des § 42 Abs. 1 u. 2 ab dem 1.5.2014 vgl. Bek. v. 4.11.2013 I 3942 +++)

Abschnitt 1
Allgemeines

-

§ 1 Anwendungsbereich

Dieses Gesetz regelt die Vorbeugung vor Tierseuchen und deren Bekämpfung. In diesem Rahmen dient es auch der Erhaltung und Förderung der Gesundheit von Vieh und Fischen, soweit das Vieh oder die Fische der landwirtschaftlichen Erzeugung dient oder dienen. § 39 bleibt unberührt.

-

§ 2 Begriffsbestimmungen

Im Sinne dieses Gesetzes sind

1.

Tierseuche:
Infektion oder Krankheit, die von einem Tierseuchenerreger unmittelbar oder mittelbar verursacht wird, bei Tieren auftritt und auf

a)

Tiere oder

b)

Menschen (Zoonosen)
übertragen werden kann,

2.

Tierseuchenerreger:
Krankheitserreger oder Teil eines Krankheitserregers,

3.

Haustiere:

a)

vom Menschen gehaltene Tiere, einschließlich der Bienen und Hummeln, sowie,

b)

wildlebende Klauentiere, die in Gehegen zum Zwecke der Gewinnung von Fleisch für den menschlichen Verzehr gehalten werden (Gehegewild),
ausgenommen Fische,

4.

Vieh:
Haustiere folgender Arten:
a)
    Pferde, Esel, Maulesel, Maultiere, Zebras und Zebroide,
b)
    Rinder einschließlich Bisons, Wisente und Wasserbüffel,
c)
    Schafe und Ziegen,
d)
    Schweine,
e)
    Hasen, Kaninchen,
f)
    Enten, Fasane, Gänse, Hühner, Laufvögel, Perlhühner, Rebhühner, Tauben, Truthühner und Wachteln,
g)
    Gehegewild,
h)
    Kameliden,

5.

Fische:
a)
    Fische, einschließlich Neunaugen und Schleimaale,
b)
    Krebstiere (Crustaceae) und
c)
    Weichtiere (Molluska),
in allen Entwicklungsstadien jeweils einschließlich der Eier und des Spermas,

6.

verdächtige Tiere:
seuchenverdächtige und ansteckungsverdächtige Tiere,

7.

seuchenverdächtige Tiere:
Tiere, an denen sich Erscheinungen zeigen, die den Ausbruch einer Tierseuche befürchten lassen,

8.
ansteckungsverdächtige Tiere:
Tiere, die nicht seuchenverdächtig sind, bei denen aber nicht auszuschließen ist, dass sie den Tierseuchenerreger aufgenommen haben,

9.
Mitgliedstaat:
Staat, der der Europäischen Union angehört,

10.
Drittland:
Staat, der der Europäischen Union nicht angehört,

11.
innergemeinschaftliches Verbringen:
jedes Verbringen aus einem anderen Mitgliedstaat und nach einem anderen Mitgliedstaat sowie das Verbringen im Inland zum Zwecke des Verbringens nach einem anderen Mitgliedstaat,

12.
Einfuhr:
Verbringen aus einem Drittland in die Europäische Union,

13.
Ausfuhr:
Verbringen aus dem Inland in ein Drittland,

14.
Durchfuhr:
Einfuhr von Sendungen oder innergemeinschaftliches Verbringen eingeführter Sendungen mit anschließender Ausfuhr,

15.
Erzeugnisse:
a)
alle, auch verarbeitete Teile oder Materialien, die von Tieren gewonnen worden sind oder sonst von Tieren stammen oder aus Tieren oder Teilen von Tieren hergestellt worden sind, auch in Verbindung mit anderen Gegenständen oder Stoffen, sowie
b)
sonstige Gegenstände oder Stoffe,
die Träger von Tierseuchenerregern sein können,

16.
Immunologisches Tierarzneimittel:
ein unter Verwendung von Tierseuchenerregern oder auf biotechnischem, biochemischem oder synthetischem Wege zur
a)

Vorbeugung vor Tierseuchen oder Heilung von Tierseuchen hergestellter Tierimpfstoff oder hergestelltes Serum,

b)

Erkennung von Tierseuchen hergestelltes Antigen oder

c)

Erzeugung einer unspezifischen Reaktion des Immunsystems bestimmter Tierimpfstoff,

der oder das zur Anwendung am oder im Tier bestimmt ist,

17.

In-vitro-Diagnostikum:
ein System, das unter Verwendung eines Tierseuchenerregers oder auf biotechnischem, biochemischem oder chemisch-synthetischem Wege hergestellt wird und das der Feststellung eines physiologischen oder pathologischen Zustandes mittels eines direkten oder indirekten Nachweises eines Tierseuchenerregers dient, ohne am oder im Tier angewendet zu werden,

18.

Tierhalter:
derjenige, der ein Tier besitzt.

-

§ 3 Allgemeine Pflichten des Tierhalters

Wer Vieh oder Fische hält, hat zur Vorbeugung vor Tierseuchen und zu deren Bekämpfung

1.

dafür Sorge zu tragen, dass Tierseuchen weder in seinen Bestand eingeschleppt noch aus seinem Bestand verschleppt werden,

2.

sich im Hinblick auf die Übertragbarkeit anzeigepflichtiger Tierseuchen bei den von ihm gehaltenen Tieren sachkundig zu machen,

3.

Vorbereitungen zur Umsetzung von Maßnahmen zu treffen, die von ihm beim Ausbruch einer Tierseuche nach den für die Tierseuche maßgeblichen Rechtsvorschriften durchzuführen sind.

Abschnitt 2
Maßnahmen zur Vorbeugung vor Tierseuchen und zu deren Bekämpfung

-

§ 4 Anzeigepflicht

(1) Bricht eine auf Grund einer Rechtsverordnung nach Absatz 4 anzeigepflichtige Tierseuche aus oder zeigen sich Erscheinungen, die den Ausbruch einer solchen Tierseuche befürchten lassen, so hat der Halter der betroffenen Tiere dies unverzüglich der nach Landesrecht zuständigen Behörde (zuständige Behörde) unter Angabe seines Namens und seiner Anschrift sowie

1.
   des Standortes und der Haltungsform der betroffenen Tiere und
2.
   der sonstigen für die jeweilige Tierseuche empfänglichen gehaltenen Tiere

unter Angabe der jeweiligen Tierzahl anzuzeigen. Der Tierhalter hat Maßnahmen zu ergreifen, um eine Verschleppung der Tierseuche zu vermeiden, insbesondere kranke und verdächtige Tiere von Orten, an denen die Gefahr der Ansteckung fremder Tiere besteht, fernzuhalten.

(2) Die Pflichten nach Absatz 1 hat außer dem Tierhalter auch, wer

1.
   in Vertretung des Tierhalters den Betrieb leitet,
2.
   mit der Aufsicht über Tiere an Stelle des Tierhalters beauftragt ist,
3.
   als Hirte, Schäfer, Schweizer, Senner oder in vergleichbarer Tätigkeit Tiere in Obhut hat oder
4.
   Fischereiberechtigter, Fischereiausübungsberechtigter oder Betreiber einer Anlage oder Einrichtung zur Zucht, Haltung oder Hälterung von Fischen ist.

Die Pflichten nach Absatz 1 hat ferner

1.
   für Tiere auf dem Transport ihr Begleiter,
2.
   für Haustiere in fremdem Gewahrsam der Inhaber des Gewahrsams.

(3) Zur unverzüglichen Anzeige sind auch die Tierärzte und Leiter tierärztlicher oder sonstiger öffentlicher oder privater Untersuchungs- oder Forschungseinrichtungen sowie alle Personen verpflichtet, die sich mit der Ausübung der Tierheilkunde, der künstlichen Besamung, der Leistungsprüfung in der tierischen Erzeugung oder gewerbsmäßig mit der Kastration von Tieren beschäftigen. Satz 1 gilt auch für Tiergesundheitsaufseher, Tiergesundheitskontrolleure, Veterinärassistenten,

8

Veterinäringenieure, Veterinärtechniker, Veterinärhygienekontrolleure, amtliche Fachassistenten, Lebensmittelkontrolleure, Futtermittelkontrolleure, Bienensachverständige, Fischereisachverständige, Fischereiberater, Fischereiaufseher, Natur- und Landschaftspfleger, Hufschmiede und Klauenpfleger, ferner für Personen, die gewerbsmäßig schlachten, sowie solche, die sich gewerbsmäßig mit der Behandlung, Verarbeitung oder Beseitigung geschlachteter, getöteter oder verendeter Tiere oder tierischer Bestandteile beschäftigen, wenn sie, bevor ein behördliches Einschreiten stattgefunden hat, von dem Ausbruch einer anzeigepflichtigen Tierseuche oder von Erscheinungen, die den Ausbruch einer solchen Tierseuche befürchten lassen, Kenntnis erhalten.

(4) Das Bundesministerium für Ernährung, Landwirtschaft und Verbraucherschutz (Bundesministerium) wird ermächtigt, soweit es zur Erfüllung der Zwecke des § 1 Satz 1 im Hinblick auf Vorkommen, Ausmaß und Gefährlichkeit einer Tierseuche erforderlich ist, durch Rechtsverordnung mit Zustimmung des Bundesrates die anzeigepflichtigen Tierseuchen zu bestimmen. In Rechtsverordnungen nach Satz 1 kann, soweit Belange der Tierseuchenbekämpfung nicht entgegenstehen, der Kreis der zur Anzeige verpflichteten Personen gegenüber den in den Absätzen 1 bis 3 bezeichneten Personen eingeschränkt oder, soweit Belange der Tierseuchenbekämpfung dies erfordern, erweitert werden.

(5) § 24 des Bundesjagdgesetzes sowie entsprechende landesrechtliche Regelungen bleiben mit der Maßgabe unberührt, dass eine Anzeige durch den Jagdausübungsberechtigten auch dann zu erfolgen hat, wenn sich Erscheinungen zeigen, die den Ausbruch einer anzeigepflichtigen Tierseuche befürchten lassen. Die Anzeigepflicht nach Absatz 1 gilt auch für Personen, die zur Jagdausübung befugt sind, ohne Jagdausübungsberechtigte zu sein.

§ 5 Maßnahmen zur Ermittlung einer Tierseuche

(1) Stellt die zuständige Behörde auf Grund eines tierärztlichen Gutachtens, sonstiger Anhaltspunkte oder einer Anzeige nach § 4 den Verdacht oder den Ausbruch einer anzeigepflichtigen Tierseuche unter Haustieren fest, so ordnet sie an, dass die kranken und verdächtigen Haustiere unverzüglich von anderen Tieren abgesondert und, soweit erforderlich, eingesperrt und bewacht werden. Satz 1 gilt für die Absonderung von Fischen entsprechend, soweit eine Absonderung im Einzelfall durchführbar ist. Die zuständige Behörde führt eine epidemiologische Untersuchung durch, um insbesondere den Zeitpunkt der Einschleppung der Tierseuche, deren Art, Ausbreitung und

Ursachen zu ermitteln. Satz 3 gilt für das Auftreten einer anzeigepflichtigen Tierseuche bei wildlebenden Tieren entsprechend. Die zuständige Behörde kann für andere als anzeigepflichtige Tierseuchen Maßnahmen nach den Sätzen 1 bis 4 anordnen oder durchführen.

(2) Die Feststellung des Verdachtes oder des Ausbruchs einer anzeigepflichtigen Tierseuche nach Absatz 1 sowie die epidemiologischen Untersuchungen sind von einem approbierten Tierarzt der zuständigen Behörde durchzuführen.

(3) Soweit über den Ausbruch einer Tierseuche nur mittels bestimmter an einem verdächtigen Tier durchzuführender Maßnahmen diagnostischer Art Gewissheit zu erlangen ist, können diese Maßnahmen von der zuständigen Behörde angeordnet werden. Dies gilt auch, wenn die Gewissheit nur durch die Tötung und Zerlegung des verdächtigen Tieres zu erlangen ist. Angeordnete Laboruntersuchungen sind in einer von der zuständigen Behörde beauftragten Untersuchungseinrichtung durchzuführen. Im Falle des Ausbruchs einer anzeigepflichtigen Tierseuche oder des Verdachts des Ausbruchs einer solchen Tierseuche ist

1.

   die Probenahme nach den Vorgaben durchzuführen, die in der amtlichen Methodensammlung nach § 27 Absatz 4 Satz 1 Nummer 1 veröffentlicht worden sind, und

2.

   die Untersuchung von Untersuchungsmaterial tierischen Ursprungs mit einem zugelassenen In-vitro-Diagnostikum nach § 11 Absatz 2 Satz 1 oder mit einer Nachweismethode nach § 11 Absatz 2 Satz 2 durchzuführen.

   -

§ 6 Ermächtigungen zur Vorbeugung vor und Bekämpfung von Tierseuchen

(1) Das Bundesministerium wird ermächtigt, durch Rechtsverordnung mit Zustimmung des Bundesrates, soweit es zur Erfüllung der Zwecke des § 1 Satz 1 erforderlich ist, Vorschriften zu erlassen

1.

   über den Umgang mit Tierseuchenerregern, insbesondere deren Inverkehrbringen, Anwendung, Vermehrung, Lagerung, Beförderung, Versendung, Beseitigung, Verbrauch oder sonstige Verwendung oder Handhabung und dabei insbesondere vorzuschreiben, dass amtliche Untersuchungen in staatlichen Einrichtungen durchgeführt werden müssen,

2.
über
a)
den Betrieb oder die sonstige Einrichtung, in dem oder in der mit Tierseuchenerregern umgegangen wird,
b)
die Nutzung oder Ausstattung von Räumlichkeiten oder sonstigen Örtlichkeiten, einschließlich fischereilich nutzbarer Gewässer, in denen mit Tierseuchenerregern umgegangen wird,
3.
über
a)
den Umgang mit Erzeugnissen, insbesondere deren Inverkehrbringen, Lagerung, Behandlung, Beförderung, Verarbeitung, Verwendung, Verwertung oder Beseitigung,
b)
die Bekämpfung von Schadnagern oder sonstigen Schadorganismen, die Entwesung sowie die Reinigung oder Desinfektion von Betrieben, Einrichtungen oder Gegenständen,
c)
die Verwendung von Fahrzeugen oder Behältern, in oder an denen Tierseuchenerreger vorkommen oder vorkommen können, einschließlich der Beseitigung der Behälter,
4.
über die Durchführung von Veranstaltungen, anlässlich derer Tiere zusammenkommen,
5.
über
a)
die Lage und Abgrenzung eines Betriebes, die Beschaffenheit und Einrichtung von Umkleideräumen für Personen, der Ställe, Wege und Plätze, der Anlagen zur Lagerung oder Beseitigung von Wirtschaftsdünger tierischer Herkunft, Futterzubereitung sowie über Einrichtungen zur Aufbewahrung toter Tiere,
b)
die Aufteilung eines Betriebes in Betriebsabteilungen, den Betriebsablauf, die Größe und Abgrenzung der Betriebsabteilungen sowie deren Entfernung von anderen Abteilungen,
c)
Angaben und Unterlagen zur geographischen Lage eines

Betriebes und von Betriebsteilen,

d)

das Tragen von Schutzkleidung innerhalb des Betriebes, die Reinigung und Desinfektion von Personen, Einrichtungen nach Buchstabe a, im Betrieb benutzten Gegenständen und von Fahrzeugen,

e)

das Führen von Kontrollbüchern, insbesondere über die Zahl der täglichen Todesfälle und über Zugang, Abgang, Impfungen und Behandlungen von Tieren, sowie über die Aufbewahrung der Bücher,

6.

über betriebliche oder sonstige Verfahren, anlässlich derer oder bei Durchführung derer Tierseuchenerreger vorkommen oder vorkommen können,

7.

über die Sachkunde von Personen, soweit sie mit

a)

lebenden oder toten Tieren, Teilen von Tieren oder Erzeugnissen oder

b)

Fahrzeugen oder Behältern, die Träger von Tierseuchenerregern sind oder sein können,

Umgang haben, auch über die Sachkunde Jagd- und Fischereiausübungsberechtigter sowie sonstiger Personen, die ohne Jagd- und Fischereiausübungsberechtigte zu sein, zur Jagd oder Fischerei befugt sind,

8.

über die Pflichten von Personen, soweit sie mit Gegenständen nach Nummer 7 in Berührung kommen oder kommen können, insbesondere

a)

das Führen, Aufbewahren und die Vorlage von Aufzeichnungen, Nachweisen, Registern oder Kontrollbüchern,

b)

die Beibringung von Ursprungs- oder Gesundheitszeugnissen,

c)

die Erteilung von Auskünften sowie die Duldung von oder die Mitwirkung bei Maßnahmen nach diesem Gesetz oder auf Grund dieses Gesetzes erlassener Rechtsverordnungen oder auf Grund unmittelbar geltender Rechtsakte der Europäischen Union im Anwendungsbereich dieses Gesetzes,

9.
   über die Kennzeichnung, einschließlich der Kennzeichnungsmittel, von

a)
   Tieren oder Teilen von Tieren,

b)
   Erzeugnissen oder

c)
   Fahrzeugen, Behältern oder sonstigen Gegenständen,

10.
   über

a)
   Untersuchungen, diagnostische Maßnahmen, Probenahmen oder sonstige Maßnahmen der zuständigen Behörde, einschließlich der erforderlichen Hilfeleistungen, zur Feststellung des Vorhandenseins oder Nichtvorhandenseins bestimmter Tierseuchenerreger,

b)
   therapeutische Maßnahmen, Heilbehandlungen sowie Impfungen gegen Tierseuchen, einschließlich der erforderlichen Hilfeleistungen,

c)
   die Bestimmung der Einrichtung, die Untersuchungen oder diagnostische Maßnahmen nach Buchstabe a durchführt, und dabei insbesondere vorzuschreiben, dass amtliche Untersuchungen in staatlichen Einrichtungen durchgeführt werden müssen,

11.
   über

a)
   die Haltung von Tieren, einschließlich bestimmter Haltungsbedingungen, der Haltung in bestimmten Räumlichkeiten oder an bestimmten Örtlichkeiten,

b)
   die Verwendung oder Nutzung von Tieren zu bestimmten Zwecken,

c)
   die Aufnahme oder Abgabe von Tieren, insbesondere deren Inverkehrbringen und Handel,

d)
   Maßnahmen gegen das Abschwimmen oder Abtreiben lebender oder toter Fische aus fischereilich genutzten Gewässern oder aus

13

Anlagen oder Einrichtungen zur Zucht, Haltung oder Hälterung von Fischen oder gegen das Ablaufen von Wasser aus solchen Gewässern, Anlagen oder Einrichtungen sowie Maßnahmen im Hinblick auf das Wasser beim Transport von Fischen,

12.

über Verbote und Beschränkungen des Verbringens von Tieren,

13.

über das Verbringen, die Lagerung, Abgabe, Verwertung oder unschädliche Beseitigung toter Tiere oder Teilen von Tieren und Erzeugnissen,

14.

über die Herstellung, Verarbeitung oder Bearbeitung von Erzeugnissen,

15.

über die Absonderung, Bewachung oder behördliche Beobachtung von Tieren in bestimmten Fällen,

16.

über die Beschränkung der Nutzung und das Verbot des Haltens empfänglicher und anderer als empfänglicher Tiere im Betrieb,

17.

über

a)

den Personen- oder Fahrzeugverkehr innerhalb bestimmter Räumlichkeiten oder Örtlichkeiten, in denen sich an der Tierseuche erkrankte, verdächtige oder für die Tierseuche empfängliche Tiere befinden,

b)

die Beschäftigung bestimmter Personen in einem Tierbestand,

18.

über die Sperre

a)

von Gebieten, Betrieben, Anlagen oder sonstigen Einrichtungen, Räumlichkeiten oder Örtlichkeiten, in oder an denen sich seuchenkranke, verdächtige oder empfängliche Tiere aufhalten oder aufgehalten haben,

b)

von Gebieten in einem bestimmten Umkreis um von nach Buchstabe a gesperrten Regelungsgegenständen zur Verhinderung einer möglichen Verschleppung des Tierseuchenerregers,

c)

eines bestimmten Gebietes, in dem zur Verhinderung der

14

Verschleppung eines bestimmten Tierseuchenerregers Untersuchungen angeordnet oder Verbringungen beschränkt werden können, ohne dass für dieses Gebiet die Voraussetzungen für eine Sperre nach Buchstabe a oder b vorliegen,

19.
über das Abfischen von Fischen und das Einbringen von Neubesatz in Gewässer oder in Anlagen oder Einrichtungen zur Zucht, Haltung oder Hälterung von Fischen,

20.
über das Töten

a)
seuchenkranker oder verdächtiger Tiere,

b)
empfänglicher Tiere, soweit dies erforderlich ist, um eine Verschleppung von Tierseuchenerregern zu verhindern, Infektionsherde zu beseitigen oder eine wegen einer Tierseuche verfügten Sperre nach Nummer 18 aufzuheben,

c)
nicht empfänglicher Tiere, die Tierseuchenerreger verbreiten können, soweit dies erforderlich ist, um eine Verschleppung von Tierseuchenerregern zu verhindern oder Infektionsherde zu beseitigen, oder

d)
von Tieren, die Verbringungsbeschränkungen oder Nutzungsbeschränkungen oder der Absonderung unterworfen sind und in verbotswidriger Nutzung oder außerhalb der ihnen angewiesenen Räumlichkeit angetroffen werden,
sowie der unschädlichen Beseitigung der Tierkörper, Tierkörperteile oder Erzeugnisse und der Streu,

21.
über eine Genehmigungs- oder Anzeigepflicht für Tätigkeiten oder Maßnahmen nach den Nummern 1, 2, Nummer 3 Buchstabe a und c, den Nummern 4, 6 und den Nummern 10 bis 14, 17 und 18, jeweils einschließlich des Verfahrens der Rücknahme, des Widerrufs oder des Ruhens der Genehmigung und der Untersagung anzeigepflichtiger Tätigkeiten oder Maßnahmen,

22.
über die Zulassungs- oder Registrierungspflicht von Betrieben oder sonstigen Einrichtungen, in denen mit Tierseuchenerregern umgegangen wird, einschließlich des Verfahrens der Rücknahme, des Widerrufs oder des Ruhens der Zulassung oder Registrierung,

23.
über das Verbot oder die Beschränkung von Tätigkeiten oder
Maßnahmen nach den Nummern 1, 2, 3 Buchstabe a und c und den
Nummern 4, 6, 10, 11, 13, 14, 17 und 18,

24.
über die Nutzung der im Rahmen der Schlachtung eines Tieres
erhobenen Untersuchungsergebnisse,

25.
über die Durchführung hygienischer Maßnahmen, einschließlich
baulicher Maßnahmen,

26.
über die Durchführung betrieblicher Eigenkontrollen,

27.
über die tierärztliche Betreuung Haustiere oder Fische haltender
Betriebe,

28.
über eine verstärkte Bejagung,

29.
über die öffentliche Bekanntmachung des Ausbruchs und des
Erlöschens einer Tierseuche.

(2) Rechtsverordnungen nach Absatz 1 Nummer 2 bis 18 und 20 bis 28
können auch zum Zwecke des § 1 Satz 2 erlassen werden.

(3) Die Grundrechte der Freiheit der Person (Artikel 2 Absatz 2 Satz 2 des
Grundgesetzes) und der Freizügigkeit (Artikel 11 Absatz 1 des
Grundgesetzes) werden nach Maßgabe des Absatzes 1 Nummer 17, 21 und
23, auch in Verbindung mit Absatz 2, eingeschränkt.

(4) Tierhalter, deren Tiere der Absonderung oder behördlichen Beobachtung
unterworfen sind, sind verpflichtet, solche Vorkehrungen zu treffen, dass die
Tiere für die Dauer der Absonderung oder Beobachtung die ihnen bestimmte
Räumlichkeit nicht verlassen können und keine Berührung mit anderen für
die Tierseuche empfänglichen Tieren haben. Die Körper abgesonderter,
bewachter oder beobachteter Tiere dürfen ohne Genehmigung der
zuständigen Behörde nicht geöffnet, verbracht oder beseitigt werden.

(5) Die zuständige Behörde kann den Betreiber einer Schlachtstätte zur
Durchführung einer auf Grund einer Rechtsverordnung nach Absatz 1
Nummer 20, auch in Verbindung mit Absatz 2, angeordneten Tötung
verpflichten. Dieser kann für den ihm hierdurch entstehenden Aufwand
Ersatz nach den jeweiligen landesrechtlichen Vorschriften über die
Inanspruchnahme als Nichtstörer verlangen. Die Länder bestimmen, wer die
Kosten des Ersatzes nach Satz 2 trägt. Die zuständige Behörde kann ferner
ein Transportunternehmen verpflichten, zum Zwecke einer auf Grund einer

Rechtsverordnung nach Absatz 1 Nummer 20, auch in Verbindung mit Absatz 2, angeordneten Tötung, Transporte zu einer Schlachtstätte durchzuführen. Die Sätze 2 und 3 gelten für den einem Transportunternehmer hierdurch entstehenden Aufwand entsprechend.

§ 7 Mittel und Verfahren zur Desinfektion

Das Bundesministerium wird ermächtigt, soweit es zur Erfüllung der Zwecke des § 1 erforderlich ist, durch Rechtsverordnung, die nicht der Zustimmung des Bundesrates bedarf, Mittel und Verfahren zu bestimmen, die bei einer tierseuchenrechtlich vorgeschriebenen Desinfektion, Bekämpfung von Schadnagern oder sonstigen Schadorganismen oder sonstigen Entwesung verwendet werden dürfen, um sicherzustellen, dass Tierseuchenerreger unwirksam gemacht werden.

Abschnitt 3
Besondere Schutzmaßnahmen

§ 8 Schutzgebiete, Tiergesundheitsstatus

(1) Die zuständige Behörde kann, soweit es zur Erfüllung der Zwecke des § 1 erforderlich ist,

1.

ein Gebiet, in dem die Viehbestände, die Bienenstände oder die Hummelstände von mindestens zwei Dritteln der Tiere haltenden Betriebe auf Grund amtlicher Feststellung als frei von einer Tierseuche befunden worden sind, zum Schutzgebiet erklären,

2.

ein Gebiet mit einem gemeinsamen Wassereinzugsgebiet zum Schutzgebiet erklären, soweit

a)

alle in diesem Gebiet liegenden und von ihm mit Wasser versorgten Anlagen oder Einrichtungen zur Zucht, Haltung oder Hälterung von Fischen als frei von einer Tierseuche befunden worden sind,

b)

der Besatz in diesem Gebiet nur mit Fischen aus von der jeweiligen Tierseuche freien Anlagen oder Einrichtungen vorgenommen wird,

c)

außerhalb des Schutzgebietes liegende Anlagen oder Einrichtungen zur Zucht, Haltung oder Hälterung von Fischen mindestens einen Kilometer von den Grenzen des Schutzgebietes entfernt sind oder eine Seuchenverschleppung durch Aufstiegshindernisse oder Einrichtungen mit gleicher Wirkung verhindert werden kann.

(2) Unbeschadet der nach den sonstigen Vorschriften dieses Gesetzes zulässigen Maßnahmen kann die zuständige Behörde in einem Schutzgebiet die Nutzung, die Verwertung und das Verbringen der Tiere, die für die Tierseuche empfänglich sind und aus Viehbeständen, Bienenständen, Hummelständen oder Anlagen oder Einrichtungen zur Zucht, Haltung oder Hälterung von Fischen stammen, die nicht als frei von der Tierseuche befunden worden sind, sowie der von diesen Tieren stammenden Teile oder Erzeugnisse verbieten oder beschränken. Ferner kann die zuständige Behörde das Verbringen solcher Tiere oder der von ihnen stammenden Teile oder Erzeugnisse in Schutzgebiete verbieten oder beschränken.

(3) Zum Schutz von Fischbeständen vor Tierseuchen kann die zuständige Behörde unter Berücksichtigung epidemiologischer Gegebenheiten

1.

einen Betrieb hinsichtlich seines Gesundheitsstatus einer nach dem Recht der Europäischen Gemeinschaft oder der Europäischen Union festgelegten Kategorie zuordnen,

2.

ein Gebiet mit einem gemeinsamen Wassereinzugsgebiet, in dem die Fische haltenden Betriebe die Kontrolle der Fischgesundheit sowie die Tierseuchenvorbeugung und Tierseuchenbekämpfung einheitlich durchführen, hinsichtlich seines Gesundheitsstatus einer nach dem Recht der Europäischen Gemeinschaft oder der Europäischen Union festgelegten Kategorie zuordnen sowie

3.

Maßnahmen zur Haltung einschließlich Hälterung, zum Inverkehrbringen und zum Transport von Fischen innerhalb eines Betriebes oder zwischen den Betrieben nach Nummer 1 oder innerhalb eines Gebietes oder zwischen Gebieten nach Nummer 2 mit gleichem Gesundheitsstatus festlegen.

-

§ 9 Tierseuchenfreiheit

Das Bundesministerium wird ermächtigt, soweit es zur Erfüllung der Zwecke des § 1 Satz 1 erforderlich ist, durch Rechtsverordnung mit Zustimmung des Bundesrates

1.
   die Voraussetzungen zu bestimmen, unter denen ein Tier oder ein Tierbestand als frei von einer Tierseuche anzusehen ist,

2.
   die amtliche Anerkennung eines Tierbestandes als frei von einer Tierseuche, das Verfahren der amtlichen Anerkennung, die mit der Anerkennung zu verbindenden Auflagen und die Überwachung sowie die Voraussetzungen des Ruhens, der Rücknahme oder des Widerrufs der amtlichen Anerkennung zu regeln,

3.
   die Voraussetzungen zu bestimmen, unter denen ein Gebiet als seuchenfrei anzusehen ist,

4.
   die Voraussetzungen für die Festlegung bestimmter Gebiete oder bestimmter Betriebe sowie die Voraussetzungen einer Kategorisierung dieser Gebiete und Betriebe in Abhängigkeit von dem Gesundheitsstatus der dort gehaltenen Tiere zu regeln sowie die Zuordnung von Betrieben oder Gebieten zu bestimmten Kategorien vorzunehmen.

-

§ 10 Monitoring

(1) Monitoring ist ein System wiederholter Beobachtung, Untersuchung und Bewertung von Tierseuchenerregern in oder auf lebenden oder toten Tieren oder an Orten, an denen üblicherweise Haustiere oder Fische gehalten werden oder sich wildlebende Tiere aufhalten, das dem frühzeitigen Erkennen von Gefahren, die von Tierseuchenerregern ausgehen können, durch die Untersuchung repräsentativer Proben dient. In das Monitoring können auch die Überträger von Tierseuchenerregern einbezogen werden.
(2) Das Bundesministerium wird ermächtigt, durch Rechtsverordnung mit Zustimmung des Bundesrates

1.
   die Durchführung des Monitorings,

2.
   die Verarbeitung und Nutzung der im Rahmen des Monitorings

3. erhobenen Daten, auch im automatisierten Verfahren,

    die Sachkunde der das Monitoring durchführenden Personen und
4. die Mitwirkungs- und Duldungspflichten Dritter

zu regeln.

Abschnitt 4
Immunologische Tierarzneimittel, In-vitro-Diagnostika

-

§ 11 Inverkehrbringen und Anwendung

(1) Immunologische Tierarzneimittel dürfen nur in den Verkehr gebracht oder angewendet werden, wenn

1. sie vom Paul-Ehrlich-Institut zugelassen worden sind oder
2. ihr Inverkehrbringen durch Rechtsakt der Europäischen Gemeinschaft oder der Europäischen Union genehmigt worden ist.

Satz 1 gilt, soweit ein zugelassenes oder genehmigtes immunologisches Tierarzneimittel nicht zur Verfügung steht, nicht für inaktivierte immunologische Tierarzneimittel, die unter Verwendung von in einem bestimmten Bestand eines Betriebes isolierten Tierseuchenerregern hergestellt worden sind und nur in diesem Bestand angewendet werden. Herstellen im Sinne dieser Vorschrift sowie des § 12 ist das Gewinnen, Anfertigen, Zubereiten, Be- und Verarbeiten, Umfüllen einschließlich Abfüllen, Abpacken und Kennzeichnen.

(2) In-vitro-Diagnostika zur Untersuchung des Vorliegens einer auf Grund einer Rechtsverordnung nach diesem Gesetz

1. anzeigepflichtigen Tierseuche oder
2. meldepflichtigen oder mitteilungspflichtigen Tierkrankheit

dürfen nur in den Verkehr gebracht oder angewendet werden, wenn sie vom Friedrich-Loeffler-Institut, Bundesforschungsinstitut für Tiergesundheit (FriedrichLoeffler-Institut) zugelassen worden sind. Satz 1 gilt, soweit zum Nachweis eines Tierseuchenerregers ein zugelassenes In-vitro-Diagnostikum nicht oder nicht in dem benötigten Maße zur Verfügung steht, nicht für die Anwendung von Nachweismethoden, die

1.
   einer Nachweismethode der amtlichen Methodensammlung nach § 27 Absatz 4 Satz 1 Nummer 1 entsprechen,
2.
   in einer Untersuchungseinrichtung erprobt und an einer in der amtlichen Methodensammlung nach § 27 Absatz 4 Satz 1 Nummer 1 aufgeführten Methode validiert worden sind oder,
3.
   soweit eine Nachweismethode in der amtlichen Methodensammlung nach § 27 Absatz 4 Satz 1 Nummer 1 nicht aufgeführt ist,
   a)
      in einer Untersuchungseinrichtung im Inland oder in einem anderen Mitgliedstaat wissenschaftlich erprobt sind oder
   b)
      einer vom Friedrich-Loeffler-Institut erarbeiteten und zur Anwendung freigegebenen Nachweismethode entsprechen.

Ist ein In-vitro-Diagnostikum zum Nachweis eines Tierseuchenerregers zugelassen worden, dürfen die in Satz 2 genannten Methoden zum Nachweis dieses Tierseuchenerregers noch für einen Zeitraum von einem Jahr angewendet werden. Die Jahresfrist beginnt mit Ablauf des Tages, an dem die Zulassung des In-vitro-Diagnostikums bekannt gemacht worden ist.

(3) Das Bundesministerium wird ermächtigt, durch Rechtsverordnung mit Zustimmung des Bundesrates

1.
   das Nähere über die Zulassung, einschließlich einer Änderung der Zulassung oder einer Verlängerung der Zulassungsdauer, die staatliche Chargenprüfung, sowie das Verfahren der Zulassung, deren Rücknahme, deren Widerruf und deren Ruhen zu regeln,
2.
   vorzuschreiben,
   a)
      dass die bei der Anwendung zugelassener oder genehmigter immunologischer oder sonstiger Tierarzneimittel auftretenden Risiken, insbesondere Nebenwirkungen, Wechselwirkungen mit anderen immunologischen Tierarzneimitteln oder sonstigen Tierarzneimitteln, Gegenanzeigen und Verfälschungen und die bei der Anwendung von zugelassenen In-vitro-Diagnostika auftretenden Verfälschungen mitgeteilt, erfasst und ausgewertet werden sowie die hierfür zuständigen Bundesoberbehörden zu bestimmen,
   b)

dass die in Buchstabe a genannten Bundesoberbehörden mit den zuständigen Behörden, den Tierärztekammern sowie mit sonstigen für die Durchführung anderer Rechtsvorschriften zuständigen Behörden zusammenwirken, die bei der Durchführung ihrer Aufgaben durch immunologische Tierarzneimittel im Sinne des Absatzes 1 Satz 1 auftretende Risiken erfassen,

3.

die Verpflichtung Dritter zur Anzeige von Risiken im Sinne der Nummer 2 Buchstabe a vorzuschreiben und die näheren Einzelheiten dieser Verpflichtung zu regeln,

4.

die näheren Voraussetzungen zu regeln, unter denen eine vorläufige Zulassung erteilt werden kann.

(4) Bei Gefahr im Verzuge kann abweichend von Absatz 1 Satz 1

1.

das Bundesministerium durch Rechtsverordnung ohne Zustimmung des Bundesrates bestimmen, dass von dem Erfordernis der Zulassung abgesehen wird,

2.

das Paul-Ehrlich-Institut eine vorläufige Zulassung erteilen.

Rechtsverordnungen nach Satz 1 Nummer 1 treten spätestens sechs Monate nach ihrem Inkrafttreten außer Kraft. Ihre Geltungsdauer kann nur mit Zustimmung des Bundesrates verlängert werden.

(5) Die zuständige Bundesoberbehörde kann Ausnahmen von Absatz 1 Satz 1 oder Absatz 2 Satz 1 zulassen

1.

für die Durchführung wissenschaftlicher Versuche außerhalb wissenschaftlicher Institute, soweit dies zur Erprobung immunologischer Tierarzneimittel oder In-vitro-Diagnostika zum Zwecke der Vorbereitung eines Antrages zur Zulassung eines immunologischen Tierarzneimittels oder eines In-vitro-Diagnostikums erforderlich ist und Belange der Tierseuchenbekämpfung nicht entgegenstehen,

2.

im Anschluss an Versuche nach Nummer 1 während des Verfahrens der Zulassung des jeweiligen immunologischen Tierarzneimittels oder In-vitro-Diagnostikums, soweit Belange der Tierseuchenbekämpfung nicht entgegenstehen.

Die Ausnahmen sind zu befristen und mit den zum Schutz vor Tierseuchen erforderlichen sonstigen Nebenbestimmungen zu verbinden. Die zuständige Bundesoberbehörde unterrichtet die zuständige oberste Landesbehörde über die erteilten Ausnahmen.

(6) Die zuständige oberste Landesbehörde kann im Einzelfall im Benehmen mit der zuständigen Bundesoberbehörde Ausnahmen von Absatz 1 Satz 1 zulassen

1.
   für das Inverkehrbringen und die Anwendung immunologischer Tierarzneimittel bei Tieren, die ausgeführt werden, soweit der Einfuhrstaat die Einfuhr von der vorherigen Durchführung bestimmter Impfungen abhängig macht oder eine Impfung zum Schutz dieser Tiere außerhalb des Inlandes geboten erscheint und Belange der Tierseuchenbekämpfung nicht entgegenstehen,

2.
   für das Inverkehrbringen und die Anwendung immunologischer Tierarzneimittel, die von einem Tierarzt im Einzelfall für die von ihm behandelten Tiere bezogen und angewendet werden, soweit

   a)
      für die Behandlung ein zugelassenes oder genehmigtes immunologisches Tierarzneimittel oder ein nach Absatz 5 Nummer 1 oder 2 zu erprobendes immunologisches Tierarzneimittel für Tiere der betreffenden Tierart nicht zur Verfügung steht,

   b)
      das immunologische Tierarzneimittel in einem anderen Staat zur Anwendung bei Tieren der betreffenden Tierart zugelassen ist,

   c)
      die notwendige immunprophylaktische Versorgung der Tiere sonst ernstlich gefährdet wäre und

   d)
      eine unmittelbare oder mittelbare Gefährdung der Gesundheit von Mensch oder Tier nicht zu befürchten ist.

Die Ausnahmen sind zu befristen und mit den zum Schutz vor Tierseuchen erforderlichen sonstigen Nebenbestimmungen zu verbinden.

(7) Das Paul-Ehrlich-Institut macht die Zulassung der immunologischen Tierarzneimittel, das Friedrich-Loeffler-Institut die Zulassung der In-vitro-Diagnostika im Bundesanzeiger bekannt.

(8) Das Paul-Ehrlich-Institut und das Friedrich-Loeffler-Institut können, soweit dies im Hinblick auf die Anwendung eines immunologischen Tierarzneimittels, insbesondere in Bezug auf auftretende Risiken, oder eines In-vitro-Diagnostikums, insbesondere in Bezug auf auftretende Verfälschungen, erforderlich oder durch Rechtsakte der Europäischen Gemeinschaft oder der Europäischen Union vorgeschrieben ist, Daten, die sie im Rahmen ihrer Tätigkeit gewonnen haben, den zuständigen Behörden, anderen Mitgliedstaaten, dem Bundesministerium und der Europäischen

Kommission mitteilen.

-

§ 12 Herstellung

(1) Wer immunologische Tierarzneimittel im Sinne des § 11 Absatz 1 Satz 1 oder In-vitro-Diagnostika im Sinne des § 11 Absatz 2 Satz 1 gewerbs- oder berufsmäßig zum Zwecke des Inverkehrbringens oder der Anwendung in eigenen Tierbeständen herstellen will, bedarf für das jeweilige immunologische Tierarzneimittel oder das jeweilige In-vitro-Diagnostikum einer Erlaubnis der zuständigen Behörde. Das Gleiche gilt für juristische Personen, nicht rechtsfähige Vereine und Gesellschaften des bürgerlichen Rechts, die diese Mittel zum Zwecke der Abgabe an ihre Mitglieder herstellen wollen.

(2) Wer immunologische Tierarzneimittel im Sinne des § 11 Absatz 1 Satz 2 und In-vitro-Diagnostika im Sinne des § 11 Absatz 5 Satz 1 Nummer 1 zum Zwecke des Inverkehrbringens herstellen will, bedarf einer allgemeinen, nicht auf ein bestimmtes immunologisches Tierarzneimittel oder In-vitro-Diagnostikum bezogene Erlaubnis der zuständigen Behörde. Hersteller, denen eine Erlaubnis nach Satz 1 erteilt wird, haben die Herstellung immunologischer Tierarzneimittel im Sinne des § 11 Absatz 1 Satz 2 oder In-vitro-Diagnostika im Sinne des § 11 Absatz 5 Satz 1 Nummer 1 unter Angabe des Tierseuchenerregers und der hergestellten Menge, der Anzahl der hergestellten Chargen sowie die Größe der Chargen der zuständigen Behörde mitzuteilen. Die zuständigen Behörden teilen dem Paul-Ehrlich-Institut

1.
    mit, für welchen Hersteller immunologischer Tierarzneimittel im Sinne des § 11 Absatz 1 Satz 2 eine Genehmigung erteilt worden ist sowie

2.
    den Tierseuchenerreger mit, für den eine Herstellungserlaubnis nach Nummer 1 erteilt worden ist sowie die hergestellte Menge, die Anzahl der hergestellten Chargen und die Größe der Chargen des immunologischen Tierarzneimittels.

(3) Die Erlaubnis nach den Absätzen 1 und 2 wird von der zuständigen Behörde des Landes, in dem die Betriebsstätte liegt, im Benehmen mit der nach § 11 Absatz 1 Satz 1 oder § 11 Absatz 2 Satz 1 zuständigen Bundesoberbehörde erteilt.

(4) Die Erlaubnis darf nur versagt werden, soweit

1.

die Person, unter deren Leitung immunologische Tierarzneimittel im Sinne des § 11 Absatz 1 Satz 1 oder Satz 2 oder In-vitro-Diagnostika im Sinne des § 11 Absatz 2 Satz 1 hergestellt, geprüft oder freigegeben werden sollen, die erforderliche Zuverlässigkeit und Sachkunde nicht besitzt,

2.

die Person, unter deren Leitung immunologische Tierarzneimittel oder In-vitro-Diagnostika vertrieben werden sollen, nicht benannt ist,

3.

die in Nummer 1 oder 2 bezeichneten Personen die ihnen obliegenden Verpflichtungen nicht ständig erfüllen können oder

4.

geeignete Räume und Einrichtungen für die beabsichtigte Herstellung, Prüfung, Lagerung und für den beabsichtigten Vertrieb immunologischer Tierarzneimittel oder In-vitro-Diagnostika nicht vorhanden sind.

Die Prüfung immunologischer Tierarzneimittel oder In-vitro-Diagnostika kann abweichend von Satz 1 Nummer 4 auch außerhalb der Betriebsstätte des Herstellers immunologischer Tierarzneimittel oder In-vitro-Diagnostika durchgeführt werden, soweit dies der zuständigen Behörde angezeigt worden ist und Räumlichkeiten und Einrichtungen vorhanden sind, die gewährleisten, dass die Prüfung nach dem Stand der Wissenschaft und Technik vorgenommen werden und die sachkundige Person nach Satz 1 Nummer 1 ihre Verantwortung wahrnehmen kann.

(5) Die Erlaubnis ist zurückzunehmen, wenn nachträglich bekannt wird, dass einer der Versagungsgründe nach Absatz 4 bei der Erteilung vorgelegen hat; sie ist zu widerrufen, wenn einer der Versagungsgründe nachträglich eingetreten ist. Absatz 3 gilt entsprechend.

(6) Das Bundesministerium wird ermächtigt, zur Vorbeugung vor Tierseuchen sowie zur Sicherung eines ordnungsgemäßen Umgangs, einer sachgerechten Anwendung und der erforderlichen Qualität immunologischer Tierarzneimittel und In-vitro-Diagnostika, durch Rechtsverordnung mit Zustimmung des Bundesrates

1.

das Nähere über

a)

die Versagungsgründe nach Absatz 4 Satz 1 Nummer 1 oder 4, im Falle des Satzes 1 Nummer 4 auch in Verbindung mit Satz 2,

b)

die Erlaubnis einschließlich des Verfahrens, der Rücknahme, des Widerrufs und des Ruhens sowie einer über die Erlaubnis zu

erteilenden Bescheinigung
zu bestimmen,

2. Vorschriften zu erlassen über

a) die Anzeige beim Wechsel einer in Absatz 4 Satz 1 Nummer 1 oder 2 bezeichneten Person sowie bei wesentlicher Änderung der Räume oder Einrichtungen nach Absatz 4 Satz 1 Nummer 4 oder Absatz 4 Satz 2,

b) die Herstellung, die Lagerung, den Vertrieb und die Verpackung sowie das Inverkehrbringen und die Anwendung immunologischer Tierarzneimittel und In-vitro-Diagnostika einschließlich der Anzeige der Aufnahme einer entsprechenden Tätigkeit,

c) die Kennzeichnung immunologischer Tierarzneimittel und In-vitro-Diagnostika und die Packungsbeilage sowie über die Verwendung, Beschaffenheit und Kennzeichnung bestimmter Behältnisse,

d) die Anlage und Ausstattung der Betriebe und Einrichtungen, in denen immunologische Tierarzneimittel und In-vitro-Diagnostika hergestellt, geprüft, verpackt oder gelagert werden,

e) die Haltung und Kontrolle der zur Herstellung und Prüfung immunologischer Tierarzneimittel und In-vitro-Diagnostika verwendeten Tiere,

f) das Führen und Aufbewahren von Nachweisen über die in den Buchstaben d und e genannten Betriebsvorgänge, die in Buchstabe e genannten Tiere, die Herkunft und das Inverkehrbringen immunologischer Tierarzneimittel und In-vitro-Diagnostika sowie über Namen und Anschrift des Empfängers,

g) die Untersuchung und Zurückhaltung von Chargenproben sowie deren Umfang und Lagerungsdauer,

h) die Kennzeichnung, Absonderung und Vernichtung nicht verkehrsfähiger immunologischer Tierarzneimittel und In-vitro-Diagnostika,

i) Grundsätze und Leitlinien der guten Herstellungspraxis für immunologische Tierarzneimittel und In-vitro-Diagnostika,

3.

Anforderungen an das Personal in Betrieben oder Einrichtungen, in denen immunologische Tierarzneimittel oder In-vitro-Diagnostika hergestellt, geprüft, gelagert, verpackt oder in den Verkehr gebracht werden, zu stellen,

4.

die Verwendung bestimmter Stoffe, Zubereitungen aus Stoffen oder Gegenstände bei der Herstellung immunologischer Tierarzneimittel oder In-vitro-Diagnostika vorzuschreiben, zu verbieten oder zu beschränken und das Inverkehrbringen immunologischer Tierarzneimittel oder In-vitro-Diagnostika für bestimmte Anwendungsbereiche zu untersagen,

5.

die Zuständigkeit für die Überprüfung der Einhaltung der Grundsätze der guten Herstellungspraxis und die Ausstellung einer entsprechenden Bescheinigung auf das Paul-Ehrlich-Institut oder das Friedrich-Loeffler-Institut zu übertragen,

6.

das Nähere über die Bescheinigung nach Nummer 5 einschließlich des Verfahrens der Ausstellung zu bestimmen.

Abschnitt 5
Innergemeinschaftliches Verbringen, Einfuhr, Ausfuhr, Durchfuhr

-

§ 13 Verbringungs und Einfuhrverbote

(1) Das innergemeinschaftliche Verbringen, die Einfuhr, die Ausfuhr und die Durchfuhr

1.

seuchenkranker und verdächtiger Tiere sowie von Erzeugnissen nach § 2 Nummer 15 Buchstabe a solcher Tiere,

2.

von toten Tieren oder deren Teile oder von Erzeugnissen nach § 2 Nummer 15 Buchstabe a solcher Tiere, soweit die Tiere zum Zeitpunkt ihres Todes seuchenkrank oder verdächtig gewesen oder an einer Tierseuche verendet sind, oder

3.

von Erzeugnissen nach § 2 Nummer 15 Buchstabe b

sind verboten. Das Verbot gilt vorbehaltlich des Absatzes 2 nicht für

Erzeugnisse nach Satz 1 Nummer 2 oder 3, die so behandelt worden sind, dass Tierseuchenerreger abgetötet worden sind. Die zuständige Behörde kann vorbehaltlich des Absatzes 2 Ausnahmen von Satz 1 genehmigen für das innergemeinschaftliche Verbringen von auf behördliche Anordnung getöteten Tiere oder deren Teile oder von Erzeugnissen nach Satz 1 Nummer 2, soweit diese in angemessener Frist im Inland nicht beseitigt werden können. Für Fische gilt das Verbot nach Satz 1 nur insoweit, als das innergemeinschaftliche Verbringen, die Einfuhr oder die Ausfuhr

1.

durch Rechtsverordnung nach § 14 Absatz 1 oder

2.

durch unmittelbar geltende Rechtsakte der Europäischen Gemeinschaft oder der Europäischen Union im Anwendungsbereich dieses Gesetzes geregelt worden ist.

(2) Das Verbringen lebender oder toter Tiere, von Teilen von Tieren oder von Erzeugnissen nach anderen Mitgliedstaaten ist verboten, soweit sie Vorschriften des Bestimmungsmitgliedstaates nicht entsprechen, die strengere Anforderungen als das deutsche Recht stellen und die das Bundesministerium im Bundesanzeiger bekannt gemacht hat.

-

§ 14 Rechtsverordnungen zur Regelung des innergemeinschaftlichen Verbringens, der Einfuhr, Ausfuhr, Durchfuhr

(1) Das Bundesministerium wird ermächtigt, soweit es zur Erfüllung der Zwecke des § 1 Satz 1 erforderlich ist, durch Rechtsverordnung mit Zustimmung des Bundesrates das innergemeinschaftliche Verbringen, die Einfuhr, die Ausfuhr und die Durchfuhr lebender oder toter Tiere, von Teilen von Tieren oder von Erzeugnissen zu verbieten oder zu beschränken. Es kann dabei insbesondere

1.

das innergemeinschaftliche Verbringen, die Einfuhr, die Ausfuhr und die Durchfuhr abhängig machen

a)

von einer Anmeldung, einer Genehmigung, vom Vorstellen bei der zuständigen Behörde oder von einer Untersuchung,

b)

von Anforderungen, unter denen

aa)

lebende Tiere gehalten, behandelt oder verbracht werden,

bb)

tote Tiere oder Teile von Tieren behandelt oder verbracht werden oder

cc)

Erzeugnisse gewonnen, behandelt oder verbracht werden,

c)

von der Einhaltung von Anforderungen an Transportmittel, mit denen die Tiere, deren Teile oder die Erzeugnisse befördert werden,

d)

von der Vorlage oder Begleitung bestimmter Bescheinigungen,

e)

von einer bestimmten Kennzeichnung,

f)

von einer Zulassung oder Registrierung der Betriebe, aus denen lebende oder tote Tiere, Teile von toten Tieren oder die Erzeugnisse stammen oder in die sie verbracht werden,

2.

die Ausstellung der Bescheinigungen nach Nummer 1 Buchstabe d zu regeln,

3.

Vorschriften erlassen über

a)

die Voraussetzung und das Verfahren der Zulassung oder Registrierung der Betriebe nach Nummer 1 Buchstabe f oder

b)

die Rücknahme, den Widerruf oder das Ruhen der Zulassung oder Registrierung,

4.

vorschreiben, dass Tiere, deren Teile oder Erzeugnisse einer Absonderung – bei lebenden Tieren auch in der Form der Quarantäne – und behördlichen Beobachtung unterliegen, nur zu bestimmten Zwecken verwendet werden dürfen oder in bestimmter Weise behandelt werden müssen,

5.

das Verfahren im Übrigen, insbesondere der Untersuchung, Absonderung und Beobachtung, regeln und die hierfür notwendigen Einrichtungen und ihren Betrieb vorschreiben,

6.

Ausnahmen von § 13 Absatz 1 Satz 1 regeln,

a)

soweit es zur Durchführung von Rechtsakten der Europäischen
Gemeinschaft oder der Europäischen Union erforderlich ist, oder

b)

für das innergemeinschaftliche Verbringen, soweit es zur
Entsorgung in benachbarten Mitgliedstaaten erforderlich ist und
durch besondere Maßnahmen sichergestellt wird, dass
Tierseuchen nicht verschleppt werden,

7.

das innergemeinschaftliche Verbringen und die Einfuhr
vermehrungsfähiger Tierseuchenerreger, immunologischer
Tierarzneimittel oder In-vitro-Diagnostika verbieten oder von der
Erteilung einer Genehmigung abhängig machen,

8.

die Voraussetzungen und das Verfahren der Genehmigung nach
Nummer 7 regeln.

(2) Die Landesregierungen werden ermächtigt, soweit es zur Erfüllung der
Zwecke des § 1 Satz 1 erforderlich ist, durch Rechtsverordnung zur
Erleichterung des kleinen Grenzverkehrs einschließlich des
Grenzweideverkehrs von den Vorschriften der nach Absatz 1 erlassenen
Rechtsverordnungen abweichende Regelungen zu treffen, soweit dies durch
die Rechtsverordnungen nach Absatz 1 nicht ausdrücklich ausgeschlossen
und eine Einschleppung von Tierseuchen nicht zu befürchten ist. Die
Landesregierungen können diese Ermächtigung durch Rechtsverordnung
auf andere Behörden übertragen.

Abschnitt 6
Entschädigung für Tierverluste

-

§ 15 Grundsatz der Entschädigung

Vorbehaltlich der in diesem Gesetz bezeichneten Ausnahmen wird auf
Antrag eine Entschädigung in Geld geleistet für

1.

Tiere, die auf behördliche Anordnung getötet worden oder nach
Anordnung der Tötung verendet sind,

2.

Tiere, bei denen nach dem Tode eine anzeigepflichtige Tierseuche
festgestellt worden ist, soweit die Voraussetzungen gegeben waren,
unter denen die Tiere auf behördliche Anordnung hätten getötet werden
müssen,

3.
Tiere, bei denen nach dem Tode Milzbrand, Rauschbrand oder Tollwut festgestellt worden ist,

4.
Rinder, bei denen nach dem Tode Aujeszkysche Krankheit festgestellt worden ist,

5.
Tiere, von denen mit hinreichender Wahrscheinlichkeit anzunehmen ist, dass sie auf Grund einer tierseuchenrechtlich vorgeschriebenen oder behördlich angeordneten Impfung, Behandlung oder Maßnahme diagnostischer Art oder im Zusammenhang mit der jeweiligen Durchführung getötet werden mussten oder verendet sind und der Tod der Tiere innerhalb von 30 Tagen nach Durchführung einer oder, im Falle der Durchführung mehrerer der vorgenannten Maßnahmen, nach Durchführung der letzten Maßnahme eingetreten ist,

6.
Rinder, Schweine, Schafe und Geflügel, die oder das Viehhöfen oder Schlachtstätten zugeführt und bei der amtlichen Auftriebsuntersuchung oder bei der Schlachttieruntersuchung als nicht seuchenkrank oder seuchenverdächtig befunden worden sind oder ist, soweit deren oder dessen Fleisch nach der Schlachtung im Rahmen der Fleischuntersuchung auf Grund einer tierseuchenrechtlichen Vorschrift oder einer auf eine solche Vorschrift gestützten behördlichen Anordnung gemaßregelt worden ist.

-

§ 16 Höhe der Entschädigung

(1) Der Entschädigung wird der gemeine Wert des Tieres zu Grunde gelegt. Der gemeine Wert wird ohne Rücksicht auf die Wertminderung, die das Tier infolge der Tierseuche oder einer tierseuchenrechtlich vorgeschriebenen oder behördlich angeordneten Maßnahme erlitten hat, ermittelt.
(2) Die Entschädigung darf folgende Höchstsätze je Tier nicht überschreiten:

1.	Pferde, Esel, Maulesel, Maultiere	6 000 Euro,
2.	Rinder einschließlich Bisons, Wisente und Wasserbüffel	4 000 Euro,
3.	Schweine	1 500 Euro,
4.	Gehegewild	1 000 Euro,
5.	Schafe	800 Euro,

31

| 6. | Ziegen | 800 Euro, |
| 7. | Geflügel | 50 Euro. |

Im Falle von Bienen und Hummeln beträgt der Höchstsatz der Entschädigung 200 Euro je Volk und im Falle von Fischen 20 Euro je Kilogramm Lebendgewicht. Das Bundesministerium wird ermächtigt, durch Rechtsverordnung mit Zustimmung des Bundesrates in Abhängigkeit von der Steigerung des gemeinen Wertes der Tiere die in den Sätzen 1 und 2 festgesetzten Höchstsätze um bis zu 50 vom Hundert zu erhöhen, um ihr Verhältnis zum gemeinen Wert der Tiere bei der jeweiligen Tierart zu wahren.

(3) Die Entschädigung nach Absatz 1 in Verbindung mit Absatz 2 mindert sich

1.

um 50 vom Hundert für Tiere, die, außer in den Fällen des § 15 Nummer 3 und 4, vor Erstattung der Anzeige nachweislich an der Tierseuche verendet oder wegen der Tierseuche getötet worden sind,

2.

um 20 vom Hundert im Falle des § 15 Nummer 6.

(4) Auf die Entschädigung wird der Wert der nach Maßgabe einer tierseuchenrechtlichen Vorschrift oder behördlichen Anordnung verwertbaren Teile des Tieres angerechnet. Die bei der Verwertung oder Tötung des Tieres unmittelbar entstehenden Kosten zählen nicht zur Entschädigung, sie sind zusätzlich zu erstatten. Bei der Festsetzung der Entschädigung werden Steuern nicht berücksichtigt. Dies gilt nicht für Kosten nach Satz 2.

-

§ 17 Ausschluss der Entschädigung

Keine Entschädigung wird gewährt für

1.

Tiere, die dem Bund oder einem Land gehören,

2.

Tiere, die entgegen § 13 oder einem der Bekämpfung von oder der Vorbeugung vor Tierseuchen dienenden unmittelbar geltenden Rechtsakt der Europäischen Gemeinschaft oder der Europäischen Union im Anwendungsbereich dieses Gesetzes eingeführt, durchgeführt oder innergemeinschaftlich in das Inland verbracht worden sind,

3.

Tiere, die entgegen einer Vorschrift einer nach § 14 Absatz 1 erlassenen Rechtsverordnung eingeführt, durchgeführt oder innergemeinschaftlich in das Inland verbracht worden sind,

4.

Tiere, die nach der Einfuhr oder dem innergemeinschaftlichen Verbringen in das Inland auf Grund einer im Zusammenhang mit der Einfuhr oder dem innergemeinschaftlichen Verbringen tierseuchenrechtlich vorgeschriebenen oder behördlich angeordneten Maßnahme oder im Zusammenhang mit einer solchen Maßnahme getötet werden mussten oder verendet sind,

5.

Schlachtvieh, das Viehhöfen oder Schlachtstätten zugeführt worden ist; dies gilt nicht in den Fällen des § 15 Nummer 1, 3 bis 6,

6.

wildlebende Tiere oder gefangen gehaltene wildlebende Tiere, ausgenommen Gehegewild,

7.

Tiere, die zu Tierversuchen verwendet werden,

8.

Haustiere, die nicht Vieh, Bienen oder Hummeln sind,

9.

Zebras, Zebroide und Kameliden,

10.

Fische, die zu Zierzwecken gezüchtet, gehalten oder gehältert werden.

-

§ 18 Entfallen der Entschädigung

(1) Der Anspruch auf Entschädigung entfällt, wenn der Tierhalter oder sein Vertreter im Zusammenhang mit dem die Entschädigung auslösenden Fall

1.

schuldhaft

a)

eine Vorschrift dieses Gesetzes oder eine Vorschrift eines unmittelbar geltenden Rechtsaktes der Europäischen Gemeinschaft oder der Europäischen Union im Anwendungsbereich dieses Gesetzes,

b)

den § 18 des Lebensmittel- und Futtermittelgesetzbuches oder eine Vorschrift eines unmittelbar geltenden Rechtsaktes der Europäischen Gemeinschaft oder der Europäischen Union im

33

Anwendungsbereich des § 18 des Lebensmittel- und Futtermittelgesetzbuches,

c)

eine Vorschrift des Tierische Nebenprodukte-Beseitigungsgesetzes oder eines unmittelbar geltenden Rechtsaktes der Europäischen Gemeinschaft oder der Europäischen Union auf dem Gebiet der tierischen Nebenprodukte,

d)

eine Vorschrift einer nach einem der in Buchstabe a, b oder c bezeichneten Bestimmungen erlassenen Rechtsverordnung oder

e)

eine Maßnahme, die nach einem der in Buchstabe a, b oder c bezeichneten Bestimmungen oder einer nach Buchstabe d genannten Rechtsverordnung angeordnet worden ist, nicht, nicht ordnungsgemäß oder nicht vollständig befolgt oder nicht befolgt hat,

2.

die nach § 4 vorgeschriebene Anzeige schuldhaft nicht oder nicht unverzüglich erstattet hat, es sei denn, dass die Anzeige von einem anderen nach § 4 Verpflichteten unverzüglich erstattet worden ist,

3.

an der Tierseuche erkrankte Haustiere oder Fische erworben hat und beim Erwerb Kenntnis von der Tierseuche hatte oder den Umständen nach hätte haben müssen.
In den Fällen des § 15 Nummer 1 entfällt der Anspruch auf Entschädigung auch, wenn ein vollständiger Antrag auf Zahlung der Entschädigung nicht spätestens 30 Tage nach der Tötung des Tieres, im Falle der Tötung eines Bestandes nach der Tötung des letzten Tieres des Bestandes bei der nach Landesrecht zuständigen Stelle eingegangen ist. § 32 des Verwaltungsverfahrensgesetzes gilt entsprechend.
(2) Der Anspruch entfällt ferner für Tiere, die vom Tierhalter auf eigenen Wunsch mit Genehmigung der zuständigen Behörde in einen auf Grund einer tierseuchenrechtlichen Vorschrift gesperrten Bestand verbracht werden, wenn diese Tiere aus Gründen der Tierseuchenbekämpfung während der Sperre und wegen der Tierseuche, die zur Sperre geführt hat, getötet werden oder nachweislich an der Tierseuche verendet sind.
(3) Soweit nach Maßgabe des § 20 Absatz 1 in Verbindung mit Absatz 2 Satz 1 auf Grund landesrechtlicher Vorschriften vom Tierhalter Beiträge zur Gewährung von Entschädigungen erhoben werden, entfällt der Anspruch außerdem, wenn der Tierhalter schuldhaft

1.
    bei den hierzu vorgeschriebenen Erhebungen einen Tierbestand nicht
    angibt oder eine zu geringe Tierzahl angibt oder
2.
    seine Beitragspflicht nicht erfüllt.
(4) Die Absätze 1 bis 3 gelten in den Fällen des § 16 Absatz 4 Satz 2
entsprechend.
-

§ 19 Teilweise Entschädigung

Die Entschädigung kann in den Fällen des § 18 Absatz 1 Satz 1 und 2 und
Absatz 3 teilweise gewährt werden, wenn die Schuld gering ist oder die
Versagung der Entschädigung für den Tierhalter eine unbillige Härte
bedeuten würde.
-

§ 20 Entschädigungspflichtiger

(1) Die Länder regeln, wer die Entschädigung gewährt und wie sie
aufzubringen ist. Das Land hat die Entschädigung zu leisten; soweit von
Tierhaltern für bestimmte Tierarten zur Gewährung von Entschädigungen
Beiträge nach Absatz 2 Satz 1 erhoben werden, hat es die Entschädigung
jedoch nur zur Hälfte zu leisten.
(2) Beiträge sind für Pferde, Esel, Maultiere und Maulesel, Rinder
einschließlich Bisons, Wisente und Wasserbüffel, Schweine, Schafe und
Ziegen, Gehegewild, Geflügel, Bienen, Hummeln und Fische zu erheben.
Von der Erhebung von Beiträgen für Pferde, Esel, Maultiere, Maulesel,
Ziegen, Gehegewild, Geflügel, Bienen, Hummeln und Fische kann
abgesehen werden, wenn sie zu einer unzumutbaren Belastung der
Beitragspflichtigen, insbesondere auf Grund geringer Anzahl der betroffenen
Tierhalter, führen würde oder hierfür auf Grund der Tierseuchensituation kein
Bedarf besteht. Die Beiträge sind nach Tierarten gesondert zu erheben;
bestimmte Tierarten können im Rahmen der Beitragserhebung
zusammengefasst werden. Die Beiträge können nach der Größe der
Bestände und unter Berücksichtigung der seuchenhygienischen Risiken,
insbesondere auf Grund der Betriebsorganisation, sowie zusätzlich nach
Alter, Gewicht oder Nutzungsart gestaffelt werden. Ferner können die
Länder die Durchführung von Tierzählungen zum Zwecke der
Beitragserhebung regeln.
(3) Werden von Tierhaltern zur Gewährung von Entschädigungen Beiträge

erhoben, dürfen für Tiere, die dem Bund oder einem Land gehören, oder für das Viehhöfen oder Schlachtstätten zugeführte Schlachtvieh keine Beiträge erhoben werden.

–

§ 21 Entschädigungsberechtigter, Forderungsübergang

(1) Die Entschädigung wird, soweit ein anderer Berechtigter nicht bekannt ist, demjenigen gezahlt, in dessen Gewahrsam sich das Tier zum Zeitpunkt des Todes befand.
(2) Mit der Zahlung ist jeder Entschädigungsanspruch Dritter vorbehaltlich des Absatzes 3 erloschen.
(3) Steht dem Entschädigungsberechtigten ein Anspruch auf Ersatz des Schadens gegen einen Dritten zu, so geht der Anspruch auf den zur Entschädigung Verpflichteten über, soweit dieser die Entschädigung nach diesem Gesetz gewährt. Der Übergang kann nicht zum Nachteil des Entschädigungsberechtigten geltend gemacht werden. Gibt der Entschädigungsberechtigte seinen Anspruch gegen den Dritten oder ein zur Sicherung des Anspruches dienendes Recht auf, so wird der zur Entschädigung Verpflichtete insoweit frei, als er aus dem Anspruch oder dem Recht hätte Ersatz erlangen können.
(4) Richtet sich der Ersatzanspruch des Entschädigungsberechtigten gegen einen mit ihm in häuslicher Gemeinschaft lebenden Familienangehörigen, so ist der Übergang ausgeschlossen; der Anspruch geht jedoch über, wenn der Angehörige den Schaden vorsätzlich verursacht hat.

–

§ 22 Ergänzende Bestimmungen

(1) Für die Anwendung der §§ 18 bis 21 stehen Betreiber einer Anlage oder Einrichtung zur Zucht, Haltung oder Hälterung von Fischen den Tierhaltern gleich.
(2) Soweit ein unmittelbar geltender Rechtsakt der Europäischen Gemeinschaft oder der Europäischen Union im Anwendungsbereich dieses Gesetzes nicht entgegensteht oder seine Durchführung es erfordert, gelten die Absätze 1, 4 bis 6 und die §§ 15 bis 21 hinsichtlich der Entschädigungen für Tierverluste auf Grund einer Vorschrift eines solchen Rechtsaktes entsprechend.
(3) In den Fällen des § 16 Absatz 4 Satz 2 gelten die Absätze 1 und 2 sowie die §§ 19 bis 21 entsprechend.
(4) Weitergehende Regelungen der Länder bleiben unberührt.

(5) Für Streitigkeiten über Ansprüche nach diesem Abschnitt ist der Rechtsweg vor den Verwaltungsgerichten gegeben.

(6) Ansprüche nach den §§ 15 und 16 Absatz 4 Satz 2 verjähren nach einem Jahr. Die Verjährungsfrist beginnt mit dem Ende des Jahres, in dem der Anspruch entstanden ist.

Abschnitt 7
Datenerhebung

‐

§ 23 Datenerhebung

(1) Einrichtungen, die tierseuchenrechtlich vorgeschriebene Untersuchungen durchführen, übermitteln im Falle einer Untersuchung der zuständigen Behörde zu den in Absatz 3 bezeichneten Zwecken die Angaben über

1.

die untersuchten Tiere, getrennt nach Tierarten, insbesondere Rinder, Schweine, Schafe, Ziegen und Einhufer, sowie die jeweilige Kennzeichnung der untersuchten Tiere, soweit diese Angaben bekannt sind,

2.

die Tierseuche, die Anlass für die Untersuchung war,

3.

das Datum der Untersuchung,

4.

das Ergebnis der Untersuchung einschließlich der Untersuchungsmethode.

Die in Satz 1 genannten Einrichtungen übermitteln ferner zu den in Absatz 3 Nummer 1 und 2 bezeichneten Zwecken Name und Anschrift des Tierhalters sowie die Registriernummer des Betriebes oder der Tierhaltung, in dem oder in der die untersuchten Tiere gehalten werden, soweit diese Angaben bekannt sind. Im Falle der Übermittlung nach Satz 1 teilt die Untersuchungseinrichtung dem jeweiligen Tierhalter oder, soweit dieser nicht bekannt ist, dem Auftraggeber der Untersuchung die übermittelten Angaben spätestens am Tage der Übermittlung mit. Soweit tierseuchenrechtlich vorgeschriebene Untersuchungen nicht in einer im Inland gelegenen Einrichtung durchgeführt werden, hat der Tierhalter die in Satz 1 genannten Angaben sowie die Registriernummer des Betriebes oder der Tierhaltung, in dem oder in der die untersuchten Tiere gehalten werden, der zuständigen Behörde zu übermitteln. Die Übermittlung der Angaben nach Satz 1, 2 oder 4 oder die Mitteilung nach Satz 3 kann im automatisierten Verfahren erfolgen, im Falle der Mitteilung nach Satz 3, soweit der Tierhalter oder der Auftraggeber diesem Verfahren zugestimmt hat.

(2) Der Tierhalter übermittelt der zuständigen Behörde zu den in Absatz 3 genannten Zwecken Name und Anschrift sowie die geographischen Koordinaten des Standortes seiner Tierhaltung, soweit diese Angaben nicht bereits nach anderen Vorschriften zum Schutz vor Tierseuchen angezeigt worden sind. Die Übermittlung der Angaben nach Satz 1 kann im automatisierten Verfahren erfolgen.

(3) Die nach den Absätzen 1 und 2 zu übermittelnden Angaben dienen

1.

    dem Nachweis, dass Viehbestände, Bienenstände, Hummelstände oder Fischbestände in einem bestimmten Gebiet frei von bestimmten Tierseuchen sind,

2.

    als Grundlage

    a)

        der Feststellung des Gesundheitsstatus oder

    b)

        für die Aufrechterhaltung eines bestehenden Gesundheitsstatus,

    der untersuchten Tiere, eines Viehbestandes, Bienenstandes, Hummelstandes oder Fischbestandes,

3.

    als Grundlage für die Berichterstattung über den Gesundheitsstatus von Viehbeständen, Bienenständen, Hummelständen oder Fischbeständen gegenüber den Organen oder Einrichtungen der Europäischen Union.

(4) Die zuständige Behörde kann die nach den Absätzen 1 und 2 übermittelten Angaben im Rahmen ihrer Aufgabenwahrnehmung zu den in Absatz 3 genannten Zwecken verwenden. Die zuständige Behörde übermittelt auf Ersuchen die Angaben nach den Absätzen 1 und 2 an andere zuständige Behörden, soweit diese die Daten im Rahmen ihrer Aufgabenerfüllung zu den in Absatz 3 genannten Zwecken benötigen. Satz 1 gilt für diese Behörden entsprechend. Die Übermittlung der Angaben nach Satz 1 kann durch Abruf im automatisierten Verfahren erfolgen.

(5) Die zuständige Behörde

1.

    übermittelt dem Friedrich-Loeffler-Institut auf Ersuchen die Angaben nach Absatz 1 sowie die vom Tierhalter nach Absatz 2 übermittelten geographischen Koordinaten des Standortes seiner Tierhaltung, soweit dies

    a)

        zur Erstellung von Risikobewertungen nach § 27 Absatz 2 Satz 1

Nummer 2 erforderlich ist oder

b)

zur Mitwirkung nach § 27 Absatz 3 Satz 1 Nummer 3 erforderlich ist,

2.

soll dem Friedrich-Loeffler-Institut auf Ersuchen die in Nummer 1 genannten Angaben übermitteln, soweit dies zur Durchführung wissenschaftlicher Forschung auf dem Gebiet der Tiergesundheit erforderlich ist, das wissenschaftliche Interesse an der Durchführung von Forschungsvorhaben das Interesse des Betroffenen an dem Ausschluss der Zweckänderung erheblich überwiegt und der Zweck der Forschung auf andere Weise nicht oder nur mit unverhältnismäßigem Aufwand erreicht werden kann.

Zusätzlich zu den Angaben nach Satz 1 übermittelt die zuständige Behörde dem Friedrich-Loeffler-Institut auf Ersuchen Angaben über das Verbringen von Tieren, und, soweit vorhanden, über das Verbringen von Erzeugnissen sowie über Betriebe, die nach den Vorschriften des tierische Nebenprodukte-Beseitigungsrechtes oder des Lebensmittelhygienerechtes zugelassen sind, soweit dies

1.

zur Erstellung von Risikobewertungen nach § 27 Absatz 2 Satz 1 Nummer 2 erforderlich ist oder

2.

zur Mitwirkung nach § 27 Absatz 3 Satz 1 Nummer 3 erforderlich ist. Die Übermittlung der Angaben nach Satz 1 oder 2 kann auch im automatisierten Verfahren erfolgen. Für die Zulässigkeit der Verwendung der Daten durch das Friedrich-Loeffler-Institut gelten die Sätze 1 und 2 entsprechend. Im Falle des Satzes 1 Nummer 2 dürfen die Daten nur in anonymisierter Form übermittelt werden.

(6) Ein Tierhalter kann schriftliche Auskunft über die nach den Absätzen 1 und 2 übermittelten Angaben verlangen. Er kann die Angaben nach Satz 1 im automatisierten Verfahren abrufen, soweit ein solches eingerichtet worden ist. Die schriftlich erteilte unentgeltliche Auskunft nach Satz 1 oder der schriftliche unentgeltliche Auszug der Angabe nach Satz 2 aus einem solchen Auskunftsverlangen steht einer tierärztlichen Bescheinigung in den Fällen gleich, in denen diese

1.

durch dieses Gesetz oder auf Grund dieses Gesetzes erlassener Rechtsverordnungen vorgeschrieben ist und

2.

nicht auf Gemeinschaftsrecht oder Unionsrecht beruht oder

39

Gemeinschaftsrecht oder Unionsrecht nicht entgegensteht. Der schriftliche Auszug nach Satz 2 hat Name und Anschrift des Tierhalters sowie das Datum desjenigen Tages zu enthalten, an dem der schriftliche Auszug gefertigt wurde. Diese Angaben können auch handschriftlich hinzugefügt werden. Der schriftliche Auszug ist vom Tierhalter zu unterschreiben.

(7) Die in Absatz 1 bezeichneten oder nach Absatz 4 Satz 2 oder Absatz 5 Satz 1 Nummer 1 übermittelten Angaben sind von den dort jeweils genannten Behörden für die Dauer von fünf Jahren aufzubewahren. Die Frist beginnt mit Ablauf des 31. Dezember desjenigen Jahres, in dem die Daten erhoben worden sind. Nach Ablauf der Aufbewahrungsfrist sind die Daten unverzüglich zu löschen, soweit sie zur Erfüllung der Aufgaben nach Absatz 3 nicht mehr benötigt werden, spätestens aber unverzüglich nach Erfüllung der Aufgaben. Andere Vorschriften, nach denen eine längere Aufbewahrungsfrist besteht, bleiben unberührt. Satz 3 gilt für nach Absatz 5 Satz 1 übermittelte Angaben für das Friedrich-Loeffler-Institut mit der Maßgabe entsprechend, dass diese Angaben zur Erfüllung der dort genannten Aufgaben nicht mehr benötigt werden.

<u>Abschnitt 8</u>
<u>Überwachung, zuständige Behörden</u>

-

§ 24 Überwachung

(1) Die Durchführung der Vorschriften dieses Gesetzes und der auf Grund dieses Gesetzes erlassenen Rechtsvorschriften sowie der unmittelbar geltenden Rechtsakte der Europäischen Gemeinschaft oder der Europäischen Union im Anwendungsbereich dieses Gesetzes obliegt den zuständigen Behörden, soweit gesetzlich nichts anderes bestimmt ist. In diesem Rahmen überwachen sie die Einhaltung der vorstehend genannten Vorschriften sowie der auf Grund dieser Vorschriften ergangenen vollziehbaren Anordnungen. Die Überwachung ist jeweils von approbierten Tierärzten oder unter deren fachlicher Aufsicht stehenden anderen Personen durchzuführen. Die §§ 27 und 28 bleiben unberührt.

(2) Die zuständigen Behörden können, soweit es zur Durchführung ihrer Aufgaben nach Absatz 1 erforderlich ist, außerhalb der zuständigen Behörde tätigen Tierärzten Aufgaben übertragen oder diese zur Mitwirkung heranziehen. Die Länder regeln die näheren Einzelheiten der Heranziehung.

(3) Die zuständige Behörde trifft die notwendigen Anordnungen und Maßnahmen, die zur Feststellung oder zur Ausräumung eines hinreichenden

40

Verdachtes, eines Verstoßes oder zur Beseitigung festgestellter Verstöße oder zur Verhütung künftiger Verstöße erforderlich sind. Sie kann insbesondere

1.

das Inverkehrbringen und die Anwendung immunologischer Tierarzneimittel oder In-vitro-Diagnostika untersagen, deren Rückruf anordnen und diese sicherstellen, soweit

a)

der begründete Verdacht besteht, dass das immunologische Tierarzneimittel bei bestimmungsgemäßem Gebrauch schädliche Wirkungen hat, die über ein nach den Erkenntnissen der veterinärmedizinischen Wissenschaft vertretbares Maß hinausgehen,

b)

dem immunologischen Tierarzneimittel oder dem In-vitro-Diagnostikum die Wirksamkeit fehlt,

c)

das immunologische Tierarzneimittel oder das In-vitro-Diagnostikum nicht die nach den Erkenntnissen der veterinärmedizinischen Wissenschaft erforderliche Qualität aufweist,

d)

die vorgeschriebenen Qualitätskontrollen nicht durchgeführt worden sind oder

e)

die erforderliche Erlaubnis für das Herstellen, das innergemeinschaftliche Verbringen, die Einfuhr oder die Durchfuhr des immunologischen Tierarzneimittels oder des In-vitro-Diagnostikums nicht vorliegt oder ein Grund zur Rücknahme oder zum Widerruf der Erlaubnis gegeben ist,

2.

anordnen, dass derjenige, der ein Tier hält, verbracht oder in den Verkehr gebracht hat oder ein Erzeugnis hergestellt, behandelt, verbracht oder in den Verkehr gebracht hat oder eine der vorstehend bezeichneten Handlungen beabsichtigt,

a)

eine Untersuchung durchführt oder durchführen lässt und ihr das Ergebnis mitteilt,

b)

ihr den Eingang eines Erzeugnisses anzeigt,

soweit Grund zu der Annahme besteht, dass das Tier oder das

41

Erzeugnis den Vorschriften dieses Gesetzes, der auf Grund dieses Gesetzes erlassenen Rechtsverordnungen oder eines unmittelbar geltenden Rechtsaktes der Europäischen Gemeinschaft oder der Europäischen Union im Anwendungsbereich dieses Gesetzes nicht entspricht,

3.

vorübergehend verbieten, dass ein Tier oder Erzeugnis verbracht oder in den Verkehr gebracht wird, bis das Ergebnis der Untersuchung einer entnommenen Probe oder einer nach Nummer 1 angeordneten Untersuchung vorliegt,

4.

das Verbringen oder das Inverkehrbringen eines Tieres oder das Herstellen, das Behandeln, das Verbringen oder das Inverkehrbringen eines Erzeugnisses verbieten oder beschränken,

5.

ein lebendes oder totes Tier, ein Teil eines Tieres oder ein Erzeugnis, auch vorläufig, sicherstellen sowie die Tötung eines Tieres oder die unschädliche Beseitigung eines toten Tieres, eines Teils eines Tieres oder eines Erzeugnisses anordnen,

6.

das Verbringen eines Tieres oder eines Erzeugnisses in das Inland im Einzelfall vorübergehend verbieten oder beschränken, wenn

a)

die Bundesrepublik Deutschland durch einen Rechtsakt der Europäischen Gemeinschaft oder der Europäischen Union im Anwendungsbereich dieses Gesetzes hierzu ermächtigt worden ist und das Bundesministerium dies im Bundesanzeiger bekannt gemacht hat oder

b)

Tatsachen vorliegen, die darauf schließen lassen, dass die Tiere oder Erzeugnisse ein Risiko für die Gesundheit von Mensch oder Tier mit sich bringen,

7.

die Absonderung von Tieren anordnen,

8.

eine Maßnahme überwachen oder, soweit erforderlich, anordnen, mit der verhindert werden soll, dass ein Tier oder ein Erzeugnis, das den Verbraucher noch nicht erreicht hat, auch durch andere Wirtschaftsbeteiligte weiter in den Verkehr gebracht wird (Rücknahme), oder die auf die Rückgabe eines in den Verkehr gebrachten Tieres oder Erzeugnisses abzielt, das den Verbraucher oder den Verwender bereits erreicht hat oder erreicht haben könnte (Rückruf),

9.

anordnen, dass diejenigen, die einer von einem lebenden oder toten Tier, einem Teil eines Tieres oder Erzeugnisses ausgehenden Gefahr ausgesetzt sein können, rechtzeitig in geeigneter Form auf diese Gefahr hingewiesen werden,

10.

eine Untersuchung, therapeutische Maßnahme, Heilbehandlung oder Impfung anordnen,

11.

Sendungen der in Satz 1 genannten Art sowie deren Beförderungsmittel, Behälter, Lademittel und Verpackungsmittel bei der Einfuhr, Durchfuhr und Ausfuhr zur Überwachung anhalten,

soweit durch dieses Gesetz, durch Rechtsverordnung nach diesem Gesetz oder durch einen unmittelbar geltenden Rechtsakt der Europäischen Gemeinschaft oder der Europäischen Union eine Regelung nicht getroffen worden ist oder eine durch die vorstehend genannten Vorschriften getroffene Regelung nicht entgegensteht. Sie kann ferner das Halten von Haustieren und Fischen zeitweilig untersagen, soweit der Tierhalter wiederholt

1.

rechtskräftig nach § 31 verurteilt worden ist oder

2.

auf Grund rechtskräftig festgestellter Ordnungswidrigkeiten nach § 32 Absatz 1 und 2 die erforderliche Zuverlässigkeit nicht besitzt.

(4) Natürliche und juristische Personen und nicht rechtsfähige Personenvereinigungen haben den zuständigen Behörden auf Verlangen die Auskünfte zu erteilen, die zur Durchführung der den Behörden nach Absatz 1 übertragenen Aufgaben erforderlich sind. Die Auskunftspflichtigen können die Auskunft auf solche Fragen verweigern, deren Beantwortung sie selbst oder einen der in § 383 Absatz 1 Nummer 1 bis 3 der Zivilprozessordnung bezeichneten Angehörigen der Gefahr strafgerichtlicher Verfolgung oder eines Verfahrens nach dem Gesetz über Ordnungswidrigkeiten aussetzen würde.

(5) Personen,

1.

die von der zuständigen Behörde beauftragt sind, sowie in ihrer Begleitung befindliche Sachverständige des Bundes, der Mitgliedstaaten oder der Europäischen Kommission oder

2.

des Friedrich-Loeffler-Instituts, die an epidemiologischen Untersuchungen nach § 27 Absatz 3 Satz 1 Nummer 3 mitwirken,

43

dürfen im Rahmen der Absätze 1 bis 4 Grundstücke, Wirtschaftsgebäude, Geschäfts-, Betriebs- und Lagerräume sowie Transportmittel während der Geschäfts- und Betriebszeiten betreten, dort Besichtigungen vornehmen und geschäftliche Unterlagen einsehen, prüfen und, soweit dies zur Aufgabenerfüllung nach den Absätzen 1 und 2 erforderlich ist, Vervielfältigungen erstellen. In den Fällen des Satzes 1 Nummer 2 bedarf es des Benehmens mit der zuständigen obersten Landesbehörde.

(6) Die von der zuständigen Behörde mit der Durchführung von Bekämpfungsmaßnahmen beauftragten Personen dürfen im Rahmen ihres Auftrages während der Geschäfts- und Betriebszeiten Grundstücke, Wirtschaftsgebäude, Geschäfts-, Betriebs- und Lagerräume sowie Transportmittel betreten und dort Untersuchungen von Tieren und Bekämpfungsmaßnahmen durchführen. Auf Anforderung sind den beauftragten Personen lebende oder tote Tiere, Teile von Tieren oder Erzeugnisse zur Untersuchung zu überlassen, soweit dies zur Feststellung einer Tierseuche erforderlich ist.

(7) Zur Verhütung dringender Gefahren für die öffentliche Sicherheit und Ordnung dürfen die in den Absätzen 5 und 6 genannten Personen

1.

die Grundstücke, Wirtschaftsgebäude, Geschäfts-, Betriebs- und Lagerräume sowie Transportmittel auch außerhalb der Geschäfts- und Betriebszeiten und auch dann betreten, wenn diese zugleich Wohnzwecken des Tierhalters oder sonst Verfügungsberechtigten dienen,

2.

Wohnräume, in denen Tiere gehalten werden, betreten. Das Grundrecht der Unverletzlichkeit der Wohnung (Artikel 13 des Grundgesetzes) wird insoweit eingeschränkt.

(8) Die von der zuständigen Behörde beauftragten Personen oder Personen nach Absatz 5 Satz 1 Nummer 2 sind ferner befugt, gegen Empfangsbescheinigung Proben immunologischer Tierarzneimittel sowie Proben von Futtermitteln, die Träger von Tierseuchenerregern sein können, nach ihrer Auswahl zum Zwecke der Untersuchung zu fordern oder zu entnehmen. Soweit der Betroffene nicht ausdrücklich darauf verzichtet, ist ein Teil der Probe oder, soweit die Probe nicht oder ohne Gefährdung des Untersuchungszweckes nicht in Teile gleicher Beschaffenheit teilbar ist, ein zweites Stück der gleichen Art, wie das als Probe entnommene, zurückzulassen. Zurückzulassende Proben sind amtlich zu verschließen oder zu versiegeln. Sie sind mit dem Datum der Probenahme und dem Datum des Tages zu versehen, nach dessen Ablauf der Verschluss oder die Versiegelung als aufgehoben gelten. Für Proben, die bei einem anderen als

demjenigen entnommen werden, der immunologische Tierarzneimittel oder Futtermittel, die Träger von Tierseuchenerregern sein können, unter seinem Namen abgibt, ist eine angemessene Entschädigung in Geld zu leisten, soweit nicht ausdrücklich darauf verzichtet wird.

(9) Der Tierhalter oder der sonst Verfügungsberechtigte hat die Maßnahmen nach den Absätzen 3, 5 bis 8 Satz 1 zu dulden, die mit diesen Maßnahmen beauftragten Personen zu unterstützen und die für die Durchführung dieser Maßnahmen erforderlichen geschäftlichen Unterlagen vorzulegen.

(10) Die Absätze 4 bis 6, 8 und 9 gelten für die Durchführung eines Monitorings nach § 10 entsprechend.

(11) Die für die Erfassung von Risiken immunologischer Tierarzneimittel zuständige Bundesoberbehörde kann in Betrieben und Einrichtungen, die immunologische Tierarzneimittel herstellen oder in den Verkehr bringen, die Einhaltung der Vorschriften über die Sammlung und Auswertung von Daten zu unerwünschten Wirkungen immunologischer Tierarzneimittel überprüfen. Zu diesem Zweck können Beauftragte der zuständigen Bundesoberbehörde im Benehmen mit der zuständigen Behörde, der die Überwachung tierseuchenrechtlicher Vorschriften im Übrigen obliegt, Betriebs- und Geschäftsräume während der üblichen Geschäfts- und Betriebszeiten betreten, Auskünfte verlangen, Unterlagen einsehen, prüfen und Vervielfältigungen erstellen.

(12) Die nach Landesrecht für die Lebensmittelüberwachung, die Tierarzneimittelüberwachung, die Futtermittelüberwachung und die Tierschutzüberwachung zuständigen Behörden übermitteln der für die Überwachung nach Absatz 1 zuständigen Behörde auf Ersuchen die zu deren Aufgabenerfüllung erforderlichen Angaben.

(13) Das Brief- und Postgeheimnis nach Artikel 10 des Grundgesetzes wird nach Maßgabe des Absatzes 3 Satz 1 und 2 Nummer 11 eingeschränkt.

-

§ 25 Überwachung bestimmter Veranstaltungen und Einrichtungen

(1) Viehmärkte, Viehhöfe, Viehausstellungen, Vogelbörsen oder Veranstaltungen ähnlicher Art, Viehhandelsunternehmen, Transportunternehmen, Viehsammelstellen und Schlachtstätten werden durch die zuständige Behörde überwacht. Die zuständige Behörde kann die Anordnungen treffen, die erforderlich sind, um an den der Überwachung unterliegenden Orten oder in den der Überwachung unterliegenden Betrieben und sonstigen Einrichtungen sicherzustellen, dass die zur Erfüllung der Zwecke des § 1 Satz 1 notwendigen Anforderungen eingehalten werden.

45

(2) Jahr- und Wochenmärkte, auf denen Vieh nur in geringem Umfang gehandelt wird, können von der zuständigen Behörde von der Überwachung befreit werden, soweit Belange der Tierseuchenbekämpfung nicht entgegenstehen.

(3) Die Überwachung kann ausgedehnt werden auf

1.
   Vieh, Hunde, Katzen und Fische, soweit sie zum Zwecke des Inverkehrbringens zusammengebracht werden,

2.
   Tierschauen, Wettbewerben oder Veranstaltungen ähnlicher Art,

3.
   Vieh oder Fische, soweit sie auf behördliche Anordnung zusammengezogen worden sind,

4.
   Tierhaltungen,

5.
   Tierkliniken oder

6.
   sonstige Betriebe oder Einrichtungen,

von denen die Gefahr einer Tierseuche ausgehen kann.

-

§ 26 Rechtsverordnungen zur Überwachung

(1) Das Bundesministerium wird ermächtigt, durch Rechtsverordnung mit Zustimmung des Bundesrates, soweit es zur Erfüllung der Zwecke des § 1 notwendig ist, die Überwachung näher zu regeln. Es kann dabei insbesondere Vorschriften über

1.
   Untersuchungen einschließlich der Probenahme,

2.
   Maßnahmen, die zu ergreifen sind, wenn lebende oder tote Tiere, Teile von Tieren oder Erzeugnisse diesem Gesetz, den auf Grund dieses Gesetzes erlassenen Rechtsverordnungen oder unmittelbar geltenden Rechtsakten der Europäischen Gemeinschaft oder der Europäischen Union im Anwendungsbereich dieses Gesetzes nicht entsprechen,

3.
   die Absonderung, bei lebenden Tieren auch in der Form der Quarantäne, und die behördliche Beobachtung,

4.

46

Einzelheiten der Mitwirkungspflichten, insbesondere Duldungs-, Unterstützungs- und Vorlagepflichten,

5.

Pflichten zur

a)

Durchführung bestimmter betriebseigener Kontrollen,

b)

Aufzeichnung, zur Mitführung und zur Aufbewahrung von Unterlagen und

c)

Entnahme von Proben und deren Aufbewahrung und

6.

den Personenkreis, der nach den Nummern 1, 2, 4 und 5 verpflichtet ist,

erlassen.

(2) Das Bundesministerium wird ermächtigt, durch Rechtsverordnung mit Zustimmung des Bundesrates zur wirksamen Ausführung der nach diesem Gesetz oder auf Grund dieses Gesetzes vorgesehenen Maßnahmen

1.

eine Anzeige über

a)

das Vorhandensein, die Anzahl, die Nutzungsart, den Abgang oder den Zugang oder über Ortsveränderungen von Haustieren und Fischen,

b)

den Abgang oder den Zugang von toten Tieren oder Teilen von Tieren oder

c)

die in den § 6 Absatz 1 Nummer 2, 5, 6 und 11 und in § 25 aufgeführten Betriebe, Unternehmen oder Veranstaltungen sowie

2.

eine behördliche Registrierung oder Zulassung, einschließlich der Vergabe von Registriernummern oder Zulassungsnummern, von Haustieren und der in Nummer 1 Buchstabe c genannten Betriebe, Unternehmen oder Veranstaltungen

vorzuschreiben.

(3) Das Bundesministerium wird ermächtigt, durch Rechtsverordnung mit Zustimmung des Bundesrates zur Erlangung einer umfassenden Übersicht über Vorkommen und Ausbreitung anderer als anzeigepflichtiger Tierseuchen

1.

Meldungen über Auftreten, Verlauf und Häufigkeit von Tierseuchen oder den Nachweis deren Erreger vorzuschreiben,

2.

das Meldeverfahren zu regeln,

3.

den Kreis der Meldepflichtigen zu bestimmen.

Im Falle des Satzes 1 Nummer 3 darf nur verpflichtet werden, wer im Rahmen seiner Aufgaben von den in Satz 1 Nummer 1 bezeichneten Sachverhalten Kenntnis erhält.

(4) Das Bundesministerium wird ermächtigt, zur Erfüllung der Berichtspflichten, die sich aus Rechtsvorschriften nach diesem Gesetz oder auf Grund dieses Gesetzes erlassener Rechtsverordnungen oder aus Rechtsakten der Europäischen Gemeinschaft oder der Europäischen Union im Anwendungsbereich dieses Gesetzes ergeben und gegenüber der Europäischen Union bestehen, durch Rechtsverordnung mit Zustimmung des Bundesrates die Übermittlung der erforderlichen Angaben an das Bundesministerium oder das Friedrich-Loeffler-Institut durch die zuständigen Behörden zu regeln.

-

§ 27 Friedrich-Loeffler-Institut

(1) Das Friedrich-Loeffler-Institut ist eine selbständige Bundesoberbehörde im Geschäftsbereich des Bundesministeriums. Es forscht auf dem Gebiet der Tierseuchen, des Tierschutzes, der Tierhaltung, der Tierernährung und der Nutztiergenetik und unterrichtet und berät die Bundesregierung auf diesen Gebieten.

(2) Das Friedrich-Loeffler-Institut ist zuständig für

1.

die Zulassung von In-vitro-Diagnostika,

2.

die Erstellung von Risikobewertungen auf dem Gebiet der Tierseuchenbekämpfung und

3.

die Beobachtung der weltweiten Tiergesundheitssituation im Hinblick auf die Gefahr der Einschleppung von Tierseuchenerregern durch lebende Tiere oder Erzeugnisse in das Inland.

Die für die Zulassung nach Satz 1 Nummer 1 zuständige Organisationseinheit ist personell und organisatorisch von den übrigen Organisationseinheiten des Friedrich-Loeffler-Institutes zu trennen.

(3) Das Friedrich-Loeffler-Institut wirkt mit bei der

1.
   Erstellung von Plänen zur Durchführung eines Monitorings und der
   Bewertung seiner Ergebnisse,
2.
   Untersuchung von Tieren oder Erzeugnissen, die zur Einfuhr oder
   Ausfuhr bestimmt sind,
3.
   epidemiologischen Untersuchung im Falle des Verdachtes oder des
   Ausbruchs einer Tierseuche.
Es nimmt die Aufgabe eines
1.
   nationalen Referenzlabors für anzeigepflichtige Tierseuchen,
2.
   gemeinschaftlichen Referenzlabors für anzeigepflichtige Tierseuchen,
3.
   Referenzlabors eines anderen Mitgliedstaates, eines Drittlandes oder
   einer internationalen Organisation
wahr, soweit es als solches benannt ist. Im Rahmen seiner
Aufgabenwahrnehmung als nationales Referenzlabor für anzeigepflichtige
Tierseuchen obliegt es dem Friedrich-Loeffler-Institut ferner, Ringversuche
oder ähnliche Maßnahmen durchzuführen, um darauf hinzuwirken, dass die
von den zuständigen Behörden mit der Untersuchung anzeigepflichtiger
Tierseuchen beauftragten Laboratorien die auf Grund von Rechtsakten der
Europäischen Gemeinschaft oder der Europäischen Union vorgesehenen
Anforderungen, insbesondere an die Diagnostik, erfüllen können.
(4) Das Friedrich-Loeffler-Institut veröffentlicht
1.
   unter Mitwirkung wissenschaftlicher Sachverständiger eine amtliche
   Sammlung von Verfahren zur Probenahme und Untersuchung von
   Untersuchungsmaterial tierischen Ursprungs im Hinblick auf
   anzeigepflichtige Tierseuchen (amtliche Methodensammlung),
2.
   unter Mitwirkung der Länder jährlich einen Bericht über die Entwicklung
   der Tiergesundheit (Tiergesundheitsjahresbericht),
3.
   die Empfehlungen der Ständigen Impfkommission Veterinärmedizin
   nach Absatz 6 Satz 2.
Die amtliche Methodensammlung nach Satz 1 Nummer 1 ist auf dem
neuesten Stand zu halten.
(5) Auf Ersuchen einer obersten Landesbehörde kann das Friedrich-Loeffler-
Institut die zuständigen Behörden im Hinblick auf

49

1.

Maßnahmen

a)

zur Erkennung von Tierseuchen und deren Bekämpfung,

b)

zur Vorbeugung vor und der Verhinderung der Verschleppung von Tierseuchen,

2.

die Beurteilung der Gefahren im Falle des Verdachtes oder des Ausbruches einer Tierseuche

beraten.

(6) Beim Friedrich-Loeffler-Institut wird eine Ständige Impfkommission Veterinärmedizin eingerichtet. Die Ständige Impfkommission Veterinärmedizin ist weisungsunabhängig und gibt Empfehlungen zur Durchführung von Impfungen. Die Mitglieder der Ständigen Impfkommission Veterinärmedizin werden vom Friedrich-Loeffler-Institut im Einvernehmen mit dem Bundesministerium für die Dauer von drei Jahren berufen. Eine Wiederberufung ist zulässig. Die Ständige Impfkommission Veterinärmedizin gibt sich eine Geschäftsordnung, die der Zustimmung des Bundesministeriums bedarf. Ihre Sitzungen sind vertraulich und die Mitglieder der Ständigen Impfkommission Veterinärmedizin sind zur Verschwiegenheit verpflichtet. Vertreter des Bundesministeriums und des Paul-Ehrlich-Institutes nehmen mit beratender Stimme an den Sitzungen der Ständigen Impfkommission Veterinärmedizin teil. Das Bundesministerium wird ermächtigt, durch Rechtsverordnung ohne Zustimmung des Bundesrates

1.

die Zusammensetzung und das Verfahren der Ständigen Impfkommission Veterinärmedizin, einschließlich der Geschäftsführung, sowie die Heranziehung externer Sachverständiger zu regeln und

2.

die Aufgaben der Ständigen Impfkommission Veterinärmedizin näher zu bestimmen.

-

§ 28 Durchführung bei Bundeswehr, Kliniken und Instituten

(1) Im Geschäftsbereich des Bundesministeriums der Verteidigung obliegt die Durchführung der Vorschriften dieses Gesetzes, der auf Grund dieses Gesetzes erlassenen Rechtsvorschriften und der unmittelbar geltenden Rechtsakte der Europäischen Gemeinschaft oder der Europäischen Union

im Anwendungsbereich dieses Gesetzes, mit Ausnahme der Vorschriften für das innergemeinschaftliche Verbringen, die Einfuhr, die Durchfuhr und die Ausfuhr, den zuständigen Dienststellen der Bundeswehr. Diese Dienststellen haben der für den Standort zuständigen Behörde den Ausbruch, den Verdacht des Ausbruchs, den Verlauf und das Erlöschen einer Tierseuche in ihrem Zuständigkeitsbereich mitzuteilen; bei Tierseuchen, die bekämpft werden müssen, haben sie auch die getroffenen tierseuchenrechtlichen Maßnahmen unverzüglich mitzuteilen.

(2) Dem Friedrich-Loeffler-Institut, dem Bundesinstitut für Risikobewertung, dem Bundesamt für Verbraucherschutz und Lebensmittelsicherheit (Bundesamt) sowie dem Paul-Ehrlich-Institut obliegt die Bekämpfung von Tierseuchen bei den von ihnen gehaltenen Tieren, soweit die Tierseuchen Gegenstand bestimmter wissenschaftlicher Versuche sind.

(3) Die zuständigen obersten Landesbehörden können

1.

den Vorständen der Kliniken und Institute der tierärztlichen Bildungsstätten sowie

2.

im Benehmen mit dem Bundesministerium anderen an der wissenschaftlichen Erforschung von Tierseuchen arbeitenden Einrichtungen, bei denen ein Tierarzt angestellt ist,

die Bekämpfung von Tierseuchen in entsprechender Anwendung des Absatzes 2 übertragen.

(4) In den Fällen der Absätze 2 und 3 finden die Vorschriften zur Bekämpfung von Tierseuchen mit den Einschränkungen Anwendung, die sich aus dem Zweck der wissenschaftlichen Versuche ergeben. Soweit die Tierseuchen nicht Gegenstand bestimmter wissenschaftlicher Versuche sind, kann mit Genehmigung der zuständigen obersten Landesbehörden von einer vorgeschriebenen unverzüglichen Tötung der Versuchstiere abgesehen werden, soweit der Zweck der wissenschaftlichen Versuche dies erfordert und Belange der Tierseuchenbekämpfung nicht entgegenstehen.

(5) Die in den Absätzen 2 und 3 genannten Anstalten und Einrichtungen haben den Ausbruch oder den Verdacht des Ausbruchs einer Tierseuche, die nicht Gegenstand ihrer wissenschaftlichen Versuche ist, der zuständigen Behörde unverzüglich anzuzeigen.

-

§ 29 Mitwirkung der Zolldienststellen

(1) Das Bundesministerium der Finanzen und die von ihm bestimmten Zolldienststellen wirken bei der Überwachung der Einfuhr, Durchfuhr und

Ausfuhr lebender und toter Tiere, von Teilen von Tieren und Erzeugnissen mit. Die Zolldienststellen können

1.

Sendungen der in Satz 1 genannten Art sowie deren Beförderungsmittel, Behälter, Lademittel und Verpackungsmittel bei der Einfuhr, Durchfuhr und Ausfuhr zur Überwachung anhalten,

2.

den Verdacht von Verstößen gegen Verbote und Beschränkungen nach diesem Gesetz, den auf Grund dieses Gesetzes erlassenen Rechtsverordnungen oder den unmittelbar geltenden Rechtsakten der Europäischen Gemeinschaft oder der Europäischen Union im Anwendungsbereich dieses Gesetzes, der sich bei der Abfertigung ergibt, den nach § 24 Absatz 1 zuständigen Behörden mitteilen,

3.

in den Fällen der Nummer 2 anordnen, dass die Sendungen der in Satz 1 genannten Art auf Kosten und Gefahr des Verfügungsberechtigten der für die Überwachung zuständigen Behörde vorgeführt werden. Das Brief- und Postgeheimnis nach Artikel 10 des Grundgesetzes wird nach Maßgabe der Sätze 1 und 2 eingeschränkt.

(2) Zum Zwecke der Überwachung in das Inland eingeführter Tiere und Erzeugnisse übermitteln die Zolldienststellen den nach § 24 Absatz 1 zuständigen Behörden nach Maßgabe der Sätze 4 bis 6 die für die Überwachung erforderlichen Angaben über das Eintreffen oder den voraussichtlichen Zeitpunkt des Eintreffens von Sendungen der vorstehend genannten Art. Zu übermittelnde Angaben nach Satz 1 sind die Angaben über die Menge, das Herkunftsland, den Einführer, den Hersteller oder einen anderen auf Grund dieses Gesetzes, der auf Grund dieses Gesetzes erlassenen Rechtsvorschriften oder der unmittelbar geltenden Rechtsakte der Europäischen Gemeinschaft oder der Europäischen Union im Anwendungsbereich dieses Gesetzes Verantwortlichen (sonstiger Verantwortlicher). Die Angaben zu den Einführern, Herstellern und sonstigen Verantwortlichen umfassen deren Name, Anschrift und Telekommunikationsdaten, soweit den Zolldienststellen die Angaben im Rahmen ihrer Mitwirkung bei der Überwachung vorliegen. Die Übermittlung der Angaben nach den Sätzen 1 bis 3 erfolgt ausschließlich im Rahmen eines automatisierten elektronischen Informationsaustausches zwischen den Zolldienststellen und dem Bundesamt. Das Bundesamt leitet die übermittelten Angaben an die zuständigen Behörden weiter. Sofern die Länder für die Zwecke des Satzes 1 eine gemeinsame Stelle einrichten, sind die in den Sätzen 1 bis 3 bezeichneten Angaben dieser Stelle zu übermitteln; diese Stelle leitet die übermittelten Angaben den zuständigen

Behörden weiter. Die Einzelheiten des Verfahrens zur Durchführung der Sätze 1 bis 6 werden durch das Bundesministerium im Einvernehmen mit dem Bundesministerium der Finanzen durch Rechtsverordnung mit Zustimmung des Bundesrates geregelt.

(3) Das Bundesamt gibt im Einvernehmen mit dem Bundesministerium der Finanzen im Bundesanzeiger die Zolldienststellen bekannt, bei denen lebende oder tote Tiere, Teile von Tieren und Erzeugnisse die erste zulässige zollrechtliche Bestimmung erhalten können, sowie die diesen Zolldienststellen zugeordneten zuständigen Behörden, soweit die Einfuhr durch Rechtsverordnung nach § 14 Absatz 1, auch in Verbindung mit § 38 Absatz 2, geregelt ist. Das Bundesministerium der Finanzen kann die Erteilung des Einvernehmens nach Satz 1 auf Mittelbehörden seines Geschäftsbereichs übertragen.

-

§ 30 Bereitstellung von Tierimpfstoffen, Tierseuchenbekämpfungszentren

(1) Sehen Rechtsakte der Europäischen Gemeinschaft oder der Europäischen Union im Anwendungsbereich dieses Gesetzes vor, dass eine Tierseuche nicht durch eine allgemeine, insbesondere vorbeugende Impfung empfänglicher Tiere, sondern nur im Falle eines Ausbruchs einer Tierseuche zur Verhinderung einer Verschleppung der Tierseuche durch eine räumlich begrenzte Impfung der betroffenen Bestände bekämpft werden darf, so treffen die Länder die erforderlichen Maßnahmen, um sicherzustellen, dass der für eine notwendige Impfung erforderliche Tierimpfstoff in ausreichender Menge zur Verfügung steht.

(2) Sehen Rechtsakte der Europäischen Gemeinschaft oder der Europäischen Union im Anwendungsbereich dieses Gesetzes vor, dass im Falle des Ausbruchs einer anzeigepflichtigen Tierseuche Tierseuchenbekämpfungszentren eingerichtet werden müssen, so treffen der Bund und die Länder im Rahmen ihrer jeweiligen Zuständigkeit die erforderlichen Maßnahmen, damit die Tierseuchenbekämpfungszentren bei Ausbruch der Tierseuche unverzüglich einsatzbereit sind.

Abschnitt 9
Straf- und Bußgeldvorschriften

-

§ 31 Strafvorschriften

(1) Mit Freiheitsstrafe bis zu zwei Jahren oder mit Geldstrafe wird bestraft,

wer

1.

entgegen § 13 Absatz 1 Satz 1 ein Tier, ein totes Tier, ein Teil eines Tieres oder ein Erzeugnis innergemeinschaftlich verbringt, einführt oder durchführt oder

2.

einer Rechtsverordnung nach § 14 Absatz 1 Satz 2 Nummer 7 oder einer vollziehbaren Anordnung auf Grund einer solchen Rechtsverordnung zuwiderhandelt, soweit die Rechtsverordnung für einen bestimmten Tatbestand auf diese Strafvorschrift verweist.

(2) Mit Freiheitsstrafe bis zu einem Jahr oder mit Geldstrafe wird bestraft, wer

1.

entgegen § 11 Absatz 1 Satz 1 oder Absatz 2 Satz 1 ein immunologisches Tierarzneimittel oder ein In-vitro-Diagnostikum in den Verkehr bringt oder anwendet oder

2.

ohne Erlaubnis nach § 12 Absatz 1 Satz 1 ein immunologisches Tierarzneimittel oder ein In-vitro-Diagnostikum herstellt.

(3) In den Fällen des Absatzes 1 ist der Versuch strafbar.

(4) Wer in den Fällen des Absatzes 1, auch in Verbindung mit Absatz 3, absichtlich eine Gefährdung von Tierbeständen herbeiführt, wird mit Freiheitsstrafe von sechs Monaten bis zu fünf Jahren bestraft.

(5) Wer eine in Absatz 1 bezeichnete Handlung fahrlässig begeht, wird mit Freiheitsstrafe bis zu einem Jahr oder mit Geldstrafe bestraft.

-

§ 32 Bußgeldvorschriften

(1) Ordnungswidrig handelt, wer eine in § 31 Absatz 2 bezeichnete Handlung fahrlässig begeht.

(2) Ordnungswidrig handelt, wer vorsätzlich oder fahrlässig

1.

entgegen § 4 Absatz 1 Satz 1 in Verbindung mit einer Rechtsverordnung nach § 4 Absatz 4 Satz 1, jeweils auch in Verbindung mit § 4 Absatz 2 oder Absatz 3 oder einer Rechtsverordnung nach § 4 Absatz 4 Satz 2, eine Anzeige nicht, nicht richtig, nicht vollständig oder nicht rechtzeitig erstattet,

2.

entgegen § 4 Absatz 1 Satz 2, auch in Verbindung mit § 4 Absatz 2, ein

54

krankes oder verdächtiges Tier von einem dort genannten Ort nicht fernhält,

3.

einer vollziehbaren Anordnung nach § 5 Absatz 1 Satz 1, auch in Verbindung mit § 5 Satz 2 oder Satz 5, nach § 5 Absatz 3 Satz 1, § 8 Absatz 2, § 24 Absatz 3 Satz 2 oder Satz 3 oder § 38 Absatz 11 zuwiderhandelt,

4.

einer Rechtsverordnung nach

a)

§ 6 Absatz 1 oder § 26 Absatz 1, 2 oder Absatz 3, jeweils auch in Verbindung mit § 38 Absatz 9 erster Halbsatz oder § 38 Absatz 10 Satz 1 erster Halbsatz,

b)

§ 6 Absatz 2 oder § 10 Absatz 2, jeweils auch in Verbindung mit § 38 Absatz 9 erster Halbsatz,

c)

§ 7, § 11 Absatz 3 Nummer 3 oder § 12 Absatz 6 Nummer 2, 3 oder Nummer 4 oder

d)

§ 14 Absatz 1 Satz 2 Nummer 1, 4 oder Nummer 8
oder einer vollziehbaren Anordnung auf Grund einer solchen Rechtsverordnung zuwiderhandelt, soweit die Rechtsverordnung für einen bestimmten Tatbestand auf diese Bußgeldvorschrift verweist,

5.

entgegen § 13 Absatz 2 ein lebendes oder totes Tier, ein Teil eines Tieres oder ein Erzeugnis verbringt,

6.

entgegen § 24 Absatz 4 Satz 1 eine Auskunft nicht, nicht richtig, nicht vollständig oder nicht rechtzeitig erteilt,

7.

entgegen § 24 Absatz 9 eine Maßnahme nicht duldet oder eine Person nicht unterstützt oder

8.

einer unmittelbar geltenden Vorschrift in Rechtsakten der Europäischen Gemeinschaft oder der Europäischen Union im Anwendungsbereich dieses Gesetzes zuwiderhandelt, soweit eine Rechtsverordnung nach Absatz 4 für einen bestimmten Tatbestand auf diese Bußgeldvorschrift verweist.

(3) Die Ordnungswidrigkeit kann mit einer Geldbuße bis zu dreißigtausend Euro geahndet werden.

(4) Das Bundesministerium wird ermächtigt, soweit dies zur Durchsetzung der Rechtsakte der Europäischen Gemeinschaft oder der Europäischen Union erforderlich ist, durch Rechtsverordnung ohne Zustimmung des Bundesrates die Tatbestände zu bezeichnen, die als Ordnungswidrigkeit nach Absatz 2 Nummer 8 geahndet werden können.

-

§ 33 Einziehung

Gegenstände, auf die sich eine Straftat nach § 31 oder eine Ordnungswidrigkeit nach § 32 Absatz 2 Nummer 4 Buchstabe d bezieht, können eingezogen werden.

Abschnitt 10
Weitere Befugnisse, Schlussvorschriften

-

§ 34 Aufgabenübertragung

Das Bundesministerium wird ermächtigt, durch Rechtsverordnung ohne Zustimmung des Bundesrates, Aufgaben, für die dem Bund eine Verwaltungszuständigkeit zusteht und die sich aus Rechtsakten der Europäischen Gemeinschaft oder der Europäischen Union im Anwendungsbereich dieses Gesetzes ergeben, insbesondere die Bekanntmachung der Zulassung oder Registrierung von Betrieben, auf das Bundesamt oder die Bundesanstalt für Landwirtschaft und Ernährung zu übertragen.

-

§ 35 Amtshilfe, gegenseitige Unterrichtung

(1) Die zuständigen Behörden

1.
   erteilen der zuständigen Behörde eines anderen Mitgliedstaates auf begründetes Ersuchen die zur Überwachung der Einhaltung tierseuchenrechtlicher Vorschriften in diesem Mitgliedstaat erforderlichen Auskünfte und übermitteln die dafür notwendigen Schriftstücke,

2.
   überprüfen die von der ersuchenden Behörde mitgeteilten Sachverhalte

und teilen ihr das Ergebnis der Prüfung mit.

(2) Die zuständigen Behörden erteilen der zuständigen Behörde eines anderen Mitgliedstaates unter Beifügung der erforderlichen Schriftstücke Auskünfte, die für die Überwachung der Einhaltung tierseuchenrechtlicher Vorschriften in diesem Mitgliedstaat erforderlich sind, insbesondere bei Verstößen oder Verdacht auf Verstöße gegen tierseuchenrechtliche Vorschriften.

(3) Die zuständigen Behörden können, soweit dies zur Tierseuchenbekämpfung erforderlich oder durch Rechtsakte der Europäischen Gemeinschaft oder der Europäischen Union im Anwendungsbereich dieses Gesetzes vorgeschrieben ist, Daten, die sie im Rahmen der Tierseuchenbekämpfung gewonnen haben, den anderen zuständigen Behörden, den anderen Mitgliedstaaten, dem Bundesministerium, dem Friedrich-Loeffler-Institut und der Europäischen Kommission mitteilen. Die zuständigen Behörden können ferner die für die Ermittlungen nach § 25 Absatz 1 des Infektionsschutzgesetzes zuständigen Behörden über den Verdacht oder den Ausbruch einer anzeigepflichtigen Tierseuche, die auf den Menschen übertragen werden kann, unterrichten; personenbezogene Daten dürfen nicht übermittelt werden.

(4) Der Verkehr mit den zuständigen Behörden anderer Mitgliedstaaten und der Europäischen Kommission obliegt dem Bundesministerium, soweit in diesem Gesetz nichts anderes bestimmt ist. Es kann diese Befugnis durch Rechtsverordnung ohne Zustimmung des Bundesrates auf das Friedrich-Loeffler-Institut, das Bundesamt oder die Bundesanstalt für Landwirtschaft und Ernährung übertragen. Es kann diese Befugnis durch Rechtsverordnung mit Zustimmung des Bundesrates auf die zuständigen obersten Landesbehörden übertragen. Ferner kann es im Einzelfall im Benehmen mit der zuständigen obersten Landesbehörde dieser die Befugnis übertragen. Die obersten Landesbehörden können die Befugnisse nach den Sätzen 3 und 4 auf andere Behörden übertragen.

(5) Die Absätze 1 bis 4 gelten entsprechend für Drittländer, die Vertragspartei des Abkommens über den Europäischen Wirtschaftsraum sind.

-

§ 36 Schiedsverfahren

(1) Ist eine von der zuständigen Behörde getroffene Maßnahme, die sich auf lebende oder tote Tiere, auf Teile von Tieren und Erzeugnisse aus anderen Mitgliedstaaten bezieht, zwischen ihr und dem Verfügungsberechtigten streitig, so können beide Parteien einvernehmlich den Streit durch den

Schiedsspruch eines Sachverständigen schlichten lassen. Die Streitigkeit ist binnen eines Monats nach Bekanntgabe der Maßnahme einem Sachverständigen zu unterbreiten, der in einem von der Europäischen Kommission aufgestellten Verzeichnis aufgeführt ist. Der Sachverständige hat das Gutachten binnen 72 Stunden zu erstatten.

(2) Auf den Schiedsvertrag und das schiedsrichterliche Verfahren finden die Vorschriften der §§ 1025 bis 1065 der Zivilprozessordnung entsprechende Anwendung. Gericht im Sinne des § 1062 der Zivilprozessordnung ist das zuständige Verwaltungsgericht; auf Rechtsmittel, die gegen Entscheidungen der zuständigen Verwaltungsgerichte erhoben werden, findet § 1065 der Zivilprozessordnung mit der Maßgabe Anwendung, dass das zuständige Oberverwaltungsgericht über das Rechtsmittel entscheidet. Abweichend von § 1059 Absatz 3 Satz 1 der Zivilprozessordnung muss der Aufhebungsantrag innerhalb eines Monats bei Gericht eingereicht werden.

-

§ 37 Anfechtung von Anordnungen

Die Anfechtung einer Anordnung

1.

der Absonderung, Einsperrung oder Bewachung kranker oder verdächtiger Tiere,

2.

von Maßnahmen diagnostischer Art, einer Impfung oder Heilbehandlung bei Tieren,

3.

eines Verbringungsverbotes für Tiere eines Bestandes oder eines Gebietes,

4.

über die Untersagung der Anwendung oder der Abgabe, den Rückruf oder die Sicherstellung eines immunologischen Tierarzneimittels oder die Untersagung der Anwendung eines In-vitro-Diagnostikums,

5.

der Tötung von Tieren,

6.

der unschädlichen Beseitigung toter Tiere, von Teilen von Tieren oder Erzeugnissen,

7.

der Reinigung, Desinfektion oder Entwesung,

die auf eine Rechtsverordnung nach § 6 Absatz 1 oder 2, § 26 Absatz 1 oder 2 Nummer 1 oder auf § 39 Absatz 2 gestützt ist, hat keine aufschiebende

Wirkung. Ferner hat die Anfechtung einer Anordnung keine aufschiebende Wirkung, soweit

1.

eine Maßnahme nach Satz 1 angeordnet worden ist und die Anordnung auf § 5 Absatz 1, § 24 Absatz 3 oder § 38 Absatz 11 gestützt ist,

2.

die Tötung von Tieren und unschädliche Beseitigung von toten Tieren, Teilen von Tieren und Erzeugnissen auf Grund eines unmittelbar geltenden Rechtsaktes der Europäischen Gemeinschaft oder der Europäischen Union im Anwendungsbereich dieses Gesetzes angeordnet worden ist.

–

§ 38 Rechtsverordnungen und Anordnungsbefugnisse in bestimmten Fällen

(1) Rechtsverordnungen nach diesem Gesetz kann das Bundesministerium auch zur Durchführung von Rechtsakten der Europäischen Gemeinschaft oder der Europäischen Union im Anwendungsbereich dieses Gesetzes erlassen.

(2) Rechtsverordnungen nach diesem Gesetz, die der Zustimmung des Bundesrates bedürfen, können bei Gefahr im Verzuge oder, wenn ihr unverzügliches Inkrafttreten zur Durchführung von Rechtsakten der Europäischen Gemeinschaft oder der Europäischen Union erforderlich ist, ohne Zustimmung des Bundesrates erlassen werden.

(3) Bei Gefahr im Verzuge und soweit dies nach gemeinschaftsrechtlichen Vorschriften zulässig ist, kann das Bundesministerium durch Rechtsverordnung ohne Zustimmung des Bundesrates zu den in § 1 Satz 1 genannten Zwecken die Anwendung eines unmittelbar geltenden Rechtsaktes der Europäischen Gemeinschaft oder der Europäischen Union aussetzen oder beschränken.

(4) Rechtsverordnungen nach Absatz 2 oder 3 treten spätestens sechs Monate nach ihrem Inkrafttreten außer Kraft. Ihre Geltungsdauer kann nur mit Zustimmung des Bundesrates verlängert werden.

(5) Rechtsverordnungen nach diesem Gesetz, die ausschließlich der Umsetzung verbindlicher technischer Vorschriften aus Richtlinien oder Entscheidungen der Organe der Europäischen Union dienen, können ohne Zustimmung des Bundesrates erlassen werden.

(6) Das Bundesministerium wird ermächtigt, durch Rechtsverordnung ohne Zustimmung des Bundesrates Verweisungen auf Vorschriften in Rechtsakten der Europäischen Gemeinschaft oder der Europäischen Union in diesem Gesetz oder in auf Grund dieses Gesetzes erlassenen Rechtsverordnungen

zu ändern, soweit es zur Anpassung an Änderungen dieser Vorschriften erforderlich ist.

(7) Das Bundesministerium wird ermächtigt, durch Rechtsverordnung ohne Zustimmung des Bundesrates Vorschriften dieses Gesetzes oder der auf Grund dieses Gesetzes erlassenen Rechtsverordnungen zu streichen oder in ihrem Wortlaut einem verbleibenden Anwendungsbereich anzupassen, soweit sie durch den Erlass entsprechender Vorschriften in unmittelbar geltenden Rechtsakten der Europäischen Gemeinschaft oder der Europäischen Union im Anwendungsbereich dieses Gesetzes unanwendbar geworden sind.

(8) In den Rechtsverordnungen auf Grund dieses Gesetzes kann die jeweilige Ermächtigung ganz oder teilweise auf die Landesregierungen übertragen werden. Soweit eine nach Satz 1 erlassene Rechtsverordnung die Landesregierungen zum Erlass von Rechtsverordnungen ermächtigt, sind diese befugt, die Ermächtigung durch Rechtsverordnung ganz oder teilweise auf andere Behörden zu übertragen.

(9) Die Landesregierungen können Rechtsverordnungen nach § 6 Absatz 1 und 2, den §§ 9, 10 Absatz 2 und § 26 Absatz 1 bis 3 erlassen, soweit das Bundesministerium von seiner Befugnis keinen Gebrauch macht; sie können ihre Befugnis durch Rechtsverordnung auf andere Behörden übertragen.

(10) Bei Gefahr im Verzuge können die Landesregierungen durch Rechtsverordnung im Rahmen der Ermächtigungen des § 6 Absatz 1, der §§ 9 und 26 Absatz 1 bis 3 Vorschriften erlassen, die über die nach diesen Bestimmungen vom Bundesministerium erlassenen Vorschriften hinausgehen, soweit ein sofortiges Eingreifen zum Schutz der Tierbestände vor Tierseuchen erforderlich ist; die Rechtsverordnung ist nach Beendigung der Gefahr aufzuheben. Die Landesregierungen können durch Rechtsverordnung diese Befugnis auf oberste Landesbehörden übertragen.

(11) Die zuständige Behörde kann zur Vorbeugung vor Tierseuchen und deren Bekämpfung eine Verfügung nach Maßgabe der §§ 6, 9, 10 und 26 Absatz 1 bis 3 erlassen, soweit durch Rechtsverordnung eine Regelung nicht getroffen worden ist oder eine durch Rechtsverordnung getroffene Regelung nicht entgegensteht.

-

§ 39 Weitergehende Maßnahmen

(1) Das Bundesministerium wird ermächtigt, durch Rechtsverordnung mit Zustimmung des Bundesrates, soweit es zur Vorsorge für die menschliche oder tierische Gesundheit oder zu deren Schutz erforderlich ist und Regelungen auf Grund anderer Vorschriften dieses Gesetzes oder auf

Grund des Lebensmittel- und Futtermittelgesetzbuches oder des Strahlenschutzvorsorgegesetzes nicht getroffen werden können, das innergemeinschaftliche Verbringen, die Einfuhr, die Ausfuhr und die Durchfuhr von lebenden oder toten Tieren, Teilen von Tieren oder Erzeugnissen zu verbieten oder zu beschränken. § 14 Absatz 1 Satz 2 und § 38 Absatz 2 und 4 gelten entsprechend.

(2) Das Bundesministerium wird ferner ermächtigt, durch Rechtsverordnung mit Zustimmung des Bundesrates unter den Voraussetzungen des Absatzes 1 im Hinblick auf lebende und tote Tiere, Teile von Tieren oder Erzeugnisse Vorschriften in entsprechender Anwendung

1.
   des § 6,
2.
   des § 7,
3.
   des § 8,
4.
   des § 9 oder
5.
   des § 26

zu erlassen und hierbei insbesondere im Falle nicht im Inland vorkommender Tierseuchen die Tötung von Tieren vorzuschreiben; die §§ 37 und 38 Absatz 1, 2, 4, 10 und 11 gelten entsprechend

-

§ 40 Verkündung von Rechtsverordnungen

Rechtsverordnungen nach diesem Gesetz können abweichend von § 2 Absatz 1 des Verkündungs- und Bekanntmachungsgesetzes im Bundesanzeiger verkündet werden.

-

§ 41 Verhältnis zu anderen Vorschriften

(1) Soweit in oder auf Futtermitteln Tierseuchenerreger anzeigepflichtiger oder mitteilungspflichtiger Tierseuchen vorhanden sind oder sein können, gelten, vorbehaltlich des Satzes 2, insoweit hinsichtlich der Verbote und Beschränkungen für die Teilnahme am Warenverkehr und die Verwendung innerhalb eines Betriebes, ausschließlich dieses Gesetz und die auf Grund dieses Gesetzes erlassenen Rechtsverordnungen. § 17 Absatz 1 Satz 1 des Lebensmittel- und Futtermittelgesetzbuches bleibt unberührt.

(2) Soweit Daten an andere Mitgliedstaaten, Vertragsstaaten des Abkommens über den Europäischen Wirtschaftsraum oder die Europäische Kommission übermittelt werden, ist § 4b des Bundesdatenschutzgesetzes zu beachten.

-

§ 42 Gebühren

(1) Das Paul-Ehrlich-Institut und das Friedrich-Loeffler-Institut erheben Gebühren und Auslagen für

1.
   die Entscheidung über
   a)
      die Zulassung immunologischer Tierarzneimittel und In-vitro-Diagnostika,
   b)
      die vorläufige Zulassung nach § 11 Absatz 4 Satz 1 Nummer 2,
   c)
      Ausnahmen nach § 11 Absatz 5,
   d)
      die Freigabe einer Charge und die Durchführung einer Chargenprüfung,
   e)
      die Entscheidung über einen Widerspruch gegen einen auf Grund dieses Gesetzes erlassenen Verwaltungsakt oder gegen eine auf Grund einer Rechtsverordnung nach Absatz 2 erfolgte Festsetzung von Gebühren und Auslagen,

2.
   sonstige Amtshandlungen einschließlich der Bearbeitung von Anträgen, Beratungen, Auskünften sowie die Prüfung der Einhaltung der Vorschriften über Grundsätze und Leitlinien der guten Herstellungspraxis,

3.
   Tätigkeiten im Rahmen der Sammlung und Bewertung von Risiken bei der Anwendung immunologischer Tierarzneimittel sowie

4.
   sonstige Prüfungen und Untersuchungen nach diesem Gesetz oder einer auf Grund dieses Gesetzes erlassenen Rechtsverordnung.

(2) Das Bundesministerium wird ermächtigt, im Einvernehmen mit dem Bundesministerium für Wirtschaft und Technologie durch Rechtsverordnung, die nicht der Zustimmung des Bundesrates bedarf, die gebührenpflichtigen

Tatbestände, die Gebührenhöhe und die Auslagen näher zu bestimmen und dabei feste Sätze oder Rahmengebühren festzusetzen. Die zu erstattenden Auslagen können abweichend vom Verwaltungskostengesetz geregelt werden.
(3) Soweit ein Widerspruch gegen eine auf Grund einer Rechtsverordnung

1.
    nach Absatz 2 oder
2.
    nach einem anderen Bundesgesetz

erfolgten Festsetzung von Gebühren und Auslagen für Amtshandlungen nach diesem Gesetz erfolgreich ist, werden Aufwendungen im Sinne des § 80 Absatz 1 des Verwaltungsverfahrensgesetzes bis zur Höhe der jeweils für die Zurückweisung eines entsprechenden Widerspruchs vorgesehenen Gebühren, bei Rahmengebühren bis zu deren Mittelwert, erstattet. Satz 1 gilt für einen Widerspruch gegen einen auf Grund dieses Gesetzes erlassenen Verwaltungsakt entsprechend.
(4) Die Absätze 1 und 2 sind nicht mehr anzuwenden, soweit zum Zeitpunkt des Inkrafttretens dieses Gesetzes oder zu einem Zeitpunkt nach dem Inkrafttreten dieses Gesetzes bundesrechtliche Vorschriften in Kraft getreten sind oder in Kraft treten, die inhaltsgleiche oder entgegenstehende Bestimmungen enthalten; eine auf Grund des Absatzes 2 erlassene Rechtsverordnung bleibt davon unberührt. Das Bundesministerium macht den nach Satz 1 maßgeblichen Tag im Bundesgesetzblatt bekannt.

Fußnote

(+++ § 42 Abs. 1 u. 2: Zur Nichtanwendung des § 42 Abs. 1 u. 2 ab dem 1.5.2014 vgl. Bek. v. 4.11.2013 I 3942 +++)
-

§ 43 Übergangsvorschriften

(1) Ausnahmegenehmigungen nach § 17c Absatz 4 des Tierseuchengesetzes in der Fassung der Bekanntmachung vom 22. Juni 2004 (BGBl. I S. 1260, 3588), das zuletzt durch Artikel 2 Absatz 87 des Gesetzes vom 22. Dezember 2011 (BGBl. I S. 3044) geändert worden ist, gelten bis zum Ablauf der jeweiligen Genehmigung fort.
(2) Eine Erlaubnis für die Herstellung von Sera, Impfstoffen und Antigenen nach § 17d Absatz 1 Satz 1 des Tierseuchengesetzes in der Fassung der Bekanntmachung vom 22. Juni 2004 (BGBl. I S. 1260, 3588), das zuletzt durch Artikel 2 Absatz 87 des Gesetzes vom 22. Dezember 2011 (BGBl. I S. 3044) geändert worden ist, die bis zum 30. April 2014 erteilt worden ist, gilt

im bisherigen Umfang als Erlaubnis im Sinne des § 12 Absatz 1 fort.

(3) § 11 Absatz 2 ist ab dem 1. Januar 2015 anzuwenden. Bis zu diesem Zeitpunkt sind die Vorschriften des § 17c des Tierseuchengesetzes in der bis zum Ablauf des 27. Mai 2013 geltenden Fassung über die Zulassung und Verwendung von Nachweismethoden anzuwenden.

(4) Das Bundesministerium wird ermächtigt, durch Rechtsverordnung ohne Zustimmung des Bundesrates in Rechtsverordnungen, die auf Grund des Tierseuchengesetzes erlassen worden sind, die Anpassungen vorzunehmen, die erforderlich sind, um die jeweilige Rechtsverordnung an die Ablösung des ermächtigenden Gesetzes durch dieses Gesetzes anzupassen.

---

§ 44 Änderung weiterer Vorschriften

---

§ 45 Inkrafttreten, Außerkrafttreten

(1) Dieses Gesetz tritt vorbehaltlich des Absatzes 2 am 1. Mai 2014 in Kraft. Zu dem in Satz 1 genannten Zeitpunkt tritt das Tierseuchengesetz in der Fassung der Bekanntmachung vom 22. Juni 2004 (BGBl. I S. 1260, 3588), das zuletzt durch Artikel 2 Absatz 87 des Gesetzes vom 22. Dezember 2011 (BGBl. I S. 3044) geändert worden ist, außer Kraft.

(2) Soweit dieses Gesetz zum Erlass von Rechtsverordnungen ermächtigt oder zur Verkündung im Bundesanzeiger befugt, tritt dieses Gesetz am Tag nach der Verkündung in Kraft.

www.ingramcontent.com/pod-product-compliance
Lightning Source LLC
Chambersburg PA
CBHW070942180526
45168CB00003B/1149